Hexenrat

von A–Z

THEA

Hexenrat von A–Z

unter Mitarbeit von
Oliver Sendatzki

LUDWIG

Inhalt

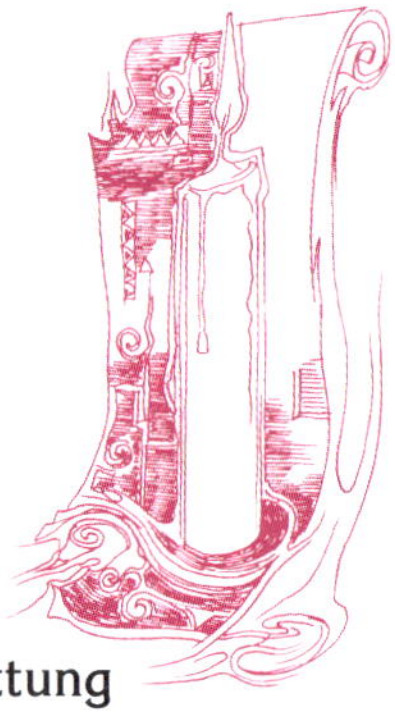

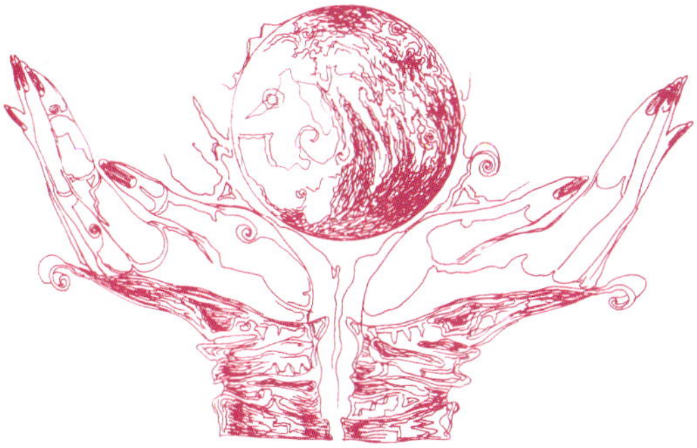

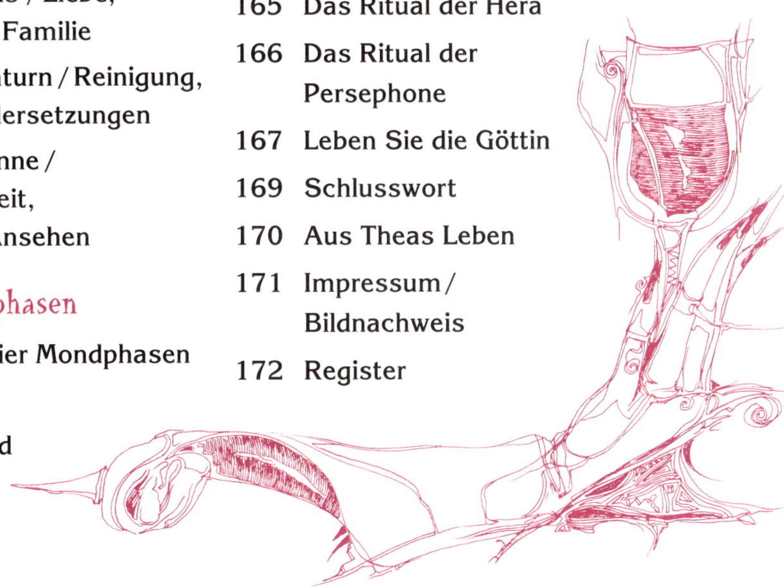

Vorwort

Liebe Leserinnen, liebe Leser,

Thea ist eine weißmagische Hexe, die sich für das Gute, den Frieden und die Liebe einsetzt.

herzlich willkommen in der Welt der Rituale nach »alter Tradition«, der Zauberei, der Hexen und ihrer täglichen Arbeit!

◎ Rituale sind symbolische, immer wiederkehrende Handlungen, eine Art Gebet, die uns an das gewünschte Ziel führen.

◎ Hexen und solche, die es werden wollen, glauben fest daran, dass der göttliche Funke in allem und jedem hier auf dieser Erde zu finden ist. Diese Energien sind allgegenwärtig, und sie können sowohl zum Guten als auch zum Bösen eingesetzt werden. Achten Sie daher stets auf Ihre innere Motivation, und überprüfen Sie vorher sich selbst und Ihre Gefühle. Denn nichts ist schlimmer, als sich mit Wut und Hass an die Arbeit zu machen.

◎ Denken Sie daran, nur weiße Magie auszuüben, denn alles kommt mindestens dreifach auf uns zurück. Arbeiten Sie daher ausschließlich in und aus Liebe, so erhalten Sie diese auch zurück!

◎ Leben Sie in Einklang und Harmonie mit Ihren Mitmenschen, jeder Kreatur und der Umwelt, denn nichts ist im Moment aufgrund der Weltgeschehnisse wichtiger, als Frieden und Liebe wiederherzustellen. Toleranz gegenüber jedem Glauben sollte dabei an oberster Stelle stehen, denn nichts ist vernichtender als Ignoranz oder Intoleranz. Denken Sie bei Ihren Ritualen auch an Ihre Mitmenschen, an die Umwelt, an den Weltfrieden und an die gebeutelte Erde! Nur Toleranz und Liebe lässt uns und unsere Kinder auf diesem Planeten weiterleben!

◎ Es ist auch nicht wichtig, zu welcher Art Gottheit Sie in erster Linie sprechen. Allein der Glaube zählt, denn im Umgang mit der Magie ist es nicht entscheidend, welchem Gott Sie sich öffnen, wenn Sie reinen Herzens sind! Die meisten Hexen und auch ich geben diesem göttlichen Funken das Gesicht der großen Göttin und ihres Gefährten, ganz nach dem alten Brauch der Wicca-Tradition.

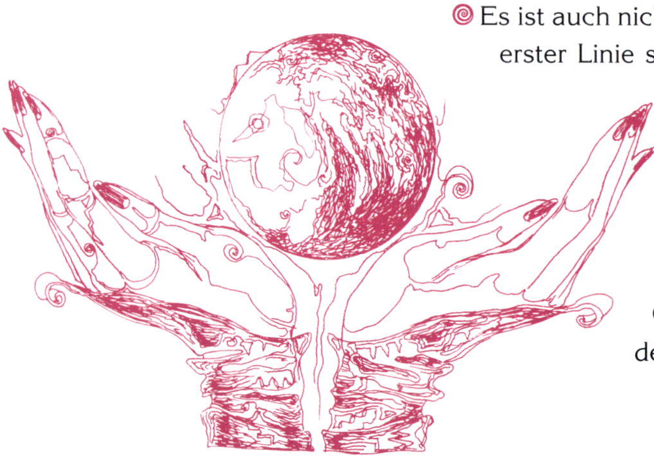

Moderne Hexen

Die moderne Wicca-Bewegung, eine matriarchalische Naturreligion, kämpft heute gegen ein Image der hässlichen, langnasigen, alten Weiber mit Warze, Besen und spitzem Hut, die schreiend voll böser Gedanken über das Feuer fliegen. Leider ging das alte Bild der göttlichen Weiblichkeit verloren, und ich sowie viele Anhänger dieser alten Tradition wollen sie wieder aufleben lassen. Wie ich bereits in vielen meiner Bücher zitierte:

»In jeder Frau steckt eine wahre Göttin,
und zu jeder Göttin gehört ein mutiger Krieger!«

Moderne Hexen werden heute als verantwortungsbewusste Wegbegleiterinnen und schöne, gepflegte Menschen betrachtet, die ganz im Sinne und nach dem Ebenbild Gottes und der Göttin arbeiten.
Auch arbeiten wir heute nicht mehr in der Steinzeit; auf Computer, Internet und die moderne Technologie brauchen wir nicht zu verzichten. Ganz im Gegenteil, wir sind schneller in der Kommunikation, der Hilfestellung sowie der Aufklärung vieler offener Fragen an die Welt der Magie und Mystik.
In den vielen Jahren, in denen ich Erfahrungen als Hexe, Wegbegleiterin, Künstlerin und Hohepriesterin der Wicca sammeln durfte, habe ich viele Menschen aus allen sozialen Schichten und den unterschiedlichsten Berufen beraten und dabei vielen zur Seite gestanden. Fast alle hatten dabei eines gemeinsam: Ehrfurcht und Bewunderung vor der Macht und Wirkung der Magie. Ich möchte Sie mit diesem Buch dazu aufmuntern, selbst in diese Welt einzutauchen und sich dabei inspirieren und führen zu lassen.

Beim Wicca-Kult stehen Rituale im Mittelpunkt. Sie bieten die Möglichkeit, mit dem Göttlichen in Kontakt zu kommen.

Die richtige Ausstattung

Natürlich gehören auch hier, wie beim Kochen, die richtigen Zutaten und das entsprechende Handwerkszeug dazu. Die müssen nicht immer teuer und aufwändig sein, denn vieles lässt sich mit ein wenig Geschick selbst herstellen. Es gibt jedoch heute schon sehr viele »Hexenshops« in Deutschland, in denen Sie die entsprechenden Zutaten und Hilfsmittel zu angemessenen Preisen erwerben können.

Die Welt der Mystik

Vielen Lesern unter Ihnen wird sicherlich auffallen, dass Ihnen das eine oder andere bereits bekannt vorkommt, denn in den zahlreichen Büchern, die ich bereits veröffentlicht habe, gibt es immer eine gewisse Handschrift von mir, die sich wie ein roter Faden durch die Welt der Mystik und Magie erkennen lässt.
Ich habe daher für Sie, liebe Leserinnen und Leser, alles so zusammengetragen, dass Sie sofort mit der Zauberei und den entsprechenden Ritualen beginnen können!

Rituale können sehr machtvoll sein. Vergessen Sie dabei nie, dass es darum geht, positive Magie auszuüben. Dazu ist Hingabe und Demut eine wichtige Voraussetzung.

Rituale und Zeremonien

Anhand von vielen Fallbeispielen aus meiner täglichen Praxis und nach Themen geordnet werden Sie bestimmt auf viele Ihrer Fragen und Ihren Lebensumständen entsprechend eine Antwort oder Anleitung finden.
Sollten Sie aber trotz aller Bemühungen und Anleitungen Ihre Wunschziele nicht erreichen, scheuen Sie sich bitte nicht, sich entweder persönlich an mich, eine erfahrene, initiierte Hexe oder an einen Magier Ihres Vertrauens zu wenden und unseren Rat einzuholen. Denn allzu schnell können sich während eines Rituals kleine Fehler einschleichen, die Sie nur unnötig belasten und nicht zum Ziel führen und deren Folgen auch nicht immer abzusehen sind!
Bemühen Sie sich also um eine positive Lebenseinstellung, und vergewissern Sie sich, dass Sie mit Ihren Ritualen und Zeremonien keinen Schaden anrichten! Vergessen Sie dabei aber auch nicht, dass positive Magie nur mit entsprechender Ehrerbietung, Demut und Geduld zum Erfolg führt. Die wahre und wirkliche Macht liegt bei Ihnen. Die entsprechenden Zaubersprüche, Zutaten und Handwerkszeuge sollten Sie immer griffbereit haben und an einem besonderen Ort aufbewahren, zu denen kein anderer Zugriff hat.
Noch ein kleines Wort an dieser Stelle: Sollten Sie in kleineren oder auch größeren Gruppen Ihre Rituale abhalten und veranstalten, vergessen Sie nie Ihren Humor, Spaß, Ihre Freude, den Tanz und vor allem nicht, Gesang und Musik mit einzubringen. Denken Sie ebenso an Essen und Trinken, denn was wäre eine Welt ohne Spaß und Vergnügen! Das wussten auch schon unsere Vorfahren.

Lassen Sie uns also gemeinsam diese schöne alte Wicca-Tradition wieder aufleben und zu unseren wirklichen Wurzeln zurückfinden. Im Anhang dieses Buches finden Sie übrigens Bezugsquellen bei Ihrer Suche nach Zutaten und Musik.
Doch nun wünsche ich Ihnen viel Freude beim Lesen dieses Buches sowie positive Erfahrungen im Umgang mit der Magie und dass all Ihre guten Wünsche und Ziele in Erfüllung gehen mögen!
Sella!
In Licht und Liebe

Ihre Thea

Danksagung

Mein Dank gilt dieses Mal ganz besonders meiner Familie, meinen Freunden, meinen Klientinnen und Klienten, ohne deren Zustimmung, ihre eigenen Fallbeispiele und ihre damaligen Lebensumstände veröffentlichen zu dürfen, ich dieses Buch nicht hätte schreiben können!
Danke auch dir, liebe Susanne G., danke Gabriele, meinem Hexenlehrling, danke Sandra alias Tara, mit der ich zusammen singen darf, danke an Claudia und Maria aus Berghülen und Murmel! Danke auch an meine langjährige Freundin und Begleiterin Tine alias Winni.
Ich musste auch immer wieder feststellen, dass gerade in der Not Menschen zusammenwachsen und sich zu einer eingeschworenen, positiven Gemeinschaft entwickeln können, was eine ganz eigene Dynamik hat. Danke an euch alle für die guten und lehrreichen Erfahrungen, die wir dadurch gemeinsam machen durften!
Danke auch allen meinen treuen Leserinnen und Lesern, die mir durch ihre zahlreichen Zuschriften immer wieder Mut machen, den Weg der Aufklärung in der Öffentlichkeit zu gehen, aber auch den Kritikern, die mich immer wieder dazu inspirieren, noch besser und mutiger voranzugehen! Danke auch an meine geistigen Helfer und Führer, denn ich lerne jeden Tag von ihnen! Danke den Engeln der Inspiration, der Musik und der Liebe!
Ich hoffe und bete für Frieden für uns alle auf dieser Erde und im Licht!

Sella!

Der Wicca-Kult sucht das Göttliche in der Natur. Wenn die Natur und ihre Gesetze verstanden und respektiert werden, kommt man auch seiner eigenen Natur, seinen eigenen Wurzeln wieder näher.

Aller Anfang ist schwer

Willkommen in der Welt der Hexen. Vielleicht haben Sie das eine oder andere Ritual aus meinen oder auch aus anderen Büchern bereits schon einmal angewendet. Sicherlich ist Ihnen dabei das eine oder andere gelungen, und Sie konnten Gutes bewirken. Neben dem praktischen Teil der Magie sollten Sie sich immer auch mit dem theoretischen Teil beschäftigen. Einfach mal schnell ein Ritual durchzuführen und darauf zu hoffen, dass das gewünschte Ergebnis eintrifft, ist keinesfalls möglich. Sie sollten sich bei jedem einzelnen Ritual immer bewusst sein, was Sie tun und wie Sie es tun. Fragen Sie im Zweifelsfall jemanden, der sich damit auskennt, oder suchen Sie Rat bei einer initiierten Hexe.

Der Wicca-Kult hat einen schamanischen Ursprung. Im Schamanismus selbst gelangt der Suchende durch bewusstseinserweiternde Techniken zu einem tieferen Wissen der Dinge.

Der Wicca-Kult

Sie haben sich entschlossen, eine Hexe zu werden, und sind auf der Suche nach dem richtigen Weg? Dann empfehle ich Ihnen, sich dem Wicca-Kult anzuschließen. Auch ich bin eine initiierte Wicca-Hohepriesterin, und es ist ein wunderbarer, langer und erfahrungsreicher Weg bis dahin.

Wicca ist eine Naturreligion, die Religion der Hexen. Ihr oberstes Gebot lautet: »Tue, was du willst, aber schade niemandem!« Toleranz, Liebe, Glaube und Respekt vor jedem Lebewesen ist das Ziel!

Sie beginnen als Hexenlehrling, Nymphe oder auch Novizin genannt, und werden nach der Lehrzeit als Wicca-Priesterin initiiert. Dann ist es auch nicht mehr weit, zur Hohepriesterin eines eigenen Coven erhoben zu werden!

Wicca – eine Naturreligion

Der Wicca-Kult hat seine Wurzeln in vorchristlicher Zeit, viele Anteile dieser Religion lassen sich bei den Kelten und ihren Schamanen, den Druiden, finden. Er verehrt unsere Natur und Erde als Göttin und Gott. Würden wir uns alle an die obersten Gebote dieser Religion halten, wie beispielsweise Toleranz in jeglicher Form, dann gäbe es wohl kaum fanatische Glaubenskriege auf dieser Welt. Denn wir alle wollen doch nur das eine, nämlich das Licht und den Glauben an die Unsterblichkeit unserer Seele!

Um ein Ritual effektiv durchführen zu können, brauchen moderne Hexen neben dem richtigen Handwerkszeug auch den sorgfältig ausgewählten Platz.

Wicca-Kult und Rituale

Um die Unsterblichkeit der Seele zu erlangen, sind im Wicca-Kult Rituale unentbehrlich. Das Wichtigste ist immer der Kontakt zum Göttlichen und zur Natur! Achten Sie darauf, denn sonst ist jedes Ritual umsonst! Sie werden sehen, der Umgang mit Pflanzen, Tieren, Geistern, Kobolden, Elfen und Göttern wird Ihnen völlig neue Bewusstseinsebenen eröffnen.

Beziehen Sie in Ihre Rituale auch unbedingt Gesang, Musik, Tanz, Meditation und Visualisierung mit ein, so erreichen Sie eine Art Trancezustand, um dem Kontakt mit dem Göttlichen näher zu kommen.

Göttin und Gott stehen im Wicca-Kult gleichberechtigt nebeneinander und symbolisieren die liebevolle Kraft des Ausgleiches zwischen Frau und Mann! Die bekannteste Göttin im Wicca-Kult ist Diana, auch Aradia genannt, und der bekannteste Gott ist Karnayna oder auch Cernus genannt. Der Gott Karnayna ist der Herr des Lichtes und der Tiere, und die Göttin Diana (Mondgöttin) die Herrin der Dunkelheit und der Magie. Beide sind in liebevoller Umarmung vereint. So entsteht das ewige Leben.

Um diesen Energien näher zu kommen, benötigen Sie einen ruhigen Platz in Ihrem Haus oder Ihrer Wohnung, wo Sie sich einen Altar herrichten können. Dazu reicht ein einfacher Tisch mit einer weißen Decke, Meditations- oder Ritualmusik, eine weiße Kerze, Ritualkerzen, Blumen, eine Schale für Früchte jeglicher Art, Ihr Zauberstab, z. B. ein Haselnusszweig, ein Kelch mit Rotwein, ein Dolch, ein Pentakel, ein Weihrauchgefäß und eine Feder zum Fächern der Räucherung und der bewährte Hexenkessel.

Nun liegt es an Ihnen, wie Sie Ihren Altar weiter ausschmücken. Legen Sie z. B. noch ein Lieblingsamulett dazu oder einen Talisman. Lassen Sie je nach Zweck und Ziel des Rituales Ihrer Phantasie ruhig freien Lauf.

Hier noch einmal die wichtigsten Prinzipien einer Hexe

- Alles, was Sie aussenden, kehrt mindestens dreifach wieder zu Ihnen zurück.
- Gegensätze bringen Harmonie, denn Sie gehören zusammen (Mann und Frau, Tag und Nacht, Diesseits und Jenseits). Oft wird dies auch als Dualität bezeichnet.
- Die Natur und deren Zyklen sind ebenfalls ein wichtiger Bestandteil der Hexenzunft. Wir unterscheiden dabei die Jahreszyklen, Mondzyklen, Lebenszyklen und Tageszyklen. Jeder Beginn und Abschluss eines Zyklus wird in Form von Festen zelebriert. Einzelne Phasen dieser Zyklen sind wichtig für bestimmte Rituale. Beispielsweise die Mondzyklen: abnehmender Mond, Neumond, zunehmender Mond und Vollmond.
- Tue, was du willst, solange du niemandem schadest!

Keine Lehre ohne Prinzipien. Doch erst wenn die Kunst des Hexens erlernt wurde, werden Sie feststellen, welchen Gestaltungsfreiraum Sie haben und wie Sie sich selbst einbringen können.

Auf den folgenden Seiten habe ich versucht, Ihnen anhand von einigen Fallbeispielen Rituale und deren Durchführung näher zu bringen. Kreativität gehört natürlich auch noch dazu. Halten Sie sich also nicht starr an irgendwelche Ritualanleitungen. In erster Linie muss Ihr Glaube daran stark genug sein.
Auch sollten Sie nur Rituale durchführen, zu denen Sie hundertprozentig stehen. Versuchen Sie ruhig einmal, Ihre eigenen Ideen mit in das Ritual einzubauen. Wenn es beispielsweise um einen Liebeszauber geht, dann basteln Sie doch ein rotes Herz aus Pappe. Kleben Sie die Fotos von Ihnen und Ihrem Partner darauf, und verzieren Sie das Ganze mit Rosenblättern und Federn. Ihrer Phantasie sind dabei keine Grenzen gesetzt.

Die richtigen Ritualutensilien schaffen eine sinnlich-magische Stimmung und sind für den Erfolg von großer Bedeutung.

Die Bedeutung der Ritualutensilien

Ritualutensilien sind magisches Handwerkszeug. Sie gehen mit diesen Dingen eine besondere Verbindung ein. Lassen Sie sich also Zeit bei der Auswahl. Vielleicht müssen Sie auch gar nicht suchen, sondern die Dinge finden von selbst zu Ihnen – wenn Sie es wollen.

Die weiße Kerze

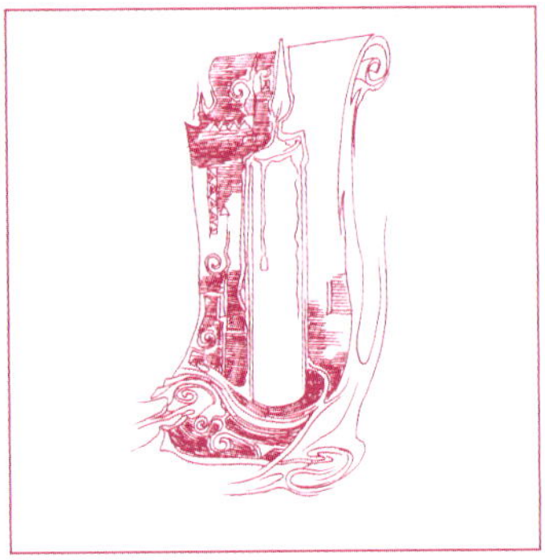

Die weiße Kerze symbolisiert das göttliche Licht und garantiert uns während des Rituals positive Energien. Salben Sie Ihre Kerze mit entsprechenden magischen Ölen wie beispielsweise Angelöl, Venusöl. Wenn nicht vorhanden, geht es auch mit ganz einfachem Sonnenblumenöl aus Ihrer Küche. Lassen Sie sich beim Salben genügend Zeit, und visualisieren Sie die Verbindung zum Göttlichen. Stellen Sie sich vor, wie ein goldener Strahl auf Ihr Drittes Auge trifft. Füllen Sie Ihren ganzen Körper mit diesem goldenen Strahl auf.

Ritualkerzen

Die entsprechende Ritualkerze symbolisiert Ihren Wunsch und Ihr Ziel. Ritzen Sie mit einem Rosendorn oder einer heißen Nadel Ihren Wunsch in die Kerze, und salben Sie Ihre Kerze immer von der Mitte nach unten und von der Mitte nach oben mit dem entsprechenden magischen Öl; beim Liebeszauber z. B. mit Come to Me, Cleopatra usw. Wenn die Kerze entzündet ist, kann die Flamme Ihren Wunsch in das Universum aufsteigen lassen.

Es kann auch vorkommen, dass ein Ritualutensil an Kraft verliert. Wenn Sie das spüren, dann scheuen Sie sich nicht, es aufzugeben, ein neues zu suchen oder ganz darauf zu verzichten.

Der Zauberstab

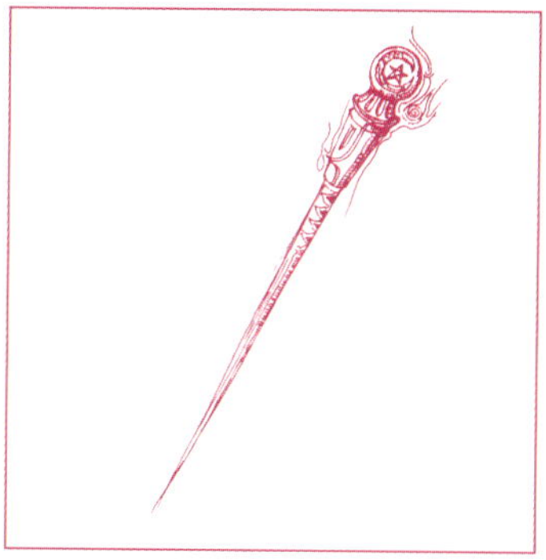

Der Zauberstab steht für das Element Luft und ist eines der ältesten magischen Werkzeuge im Wicca-Kult. Er wird benutzt, um symbolisch den Schutzkreis zu ziehen und zur Anrufung von Göttin und Gott. Er dient der Priesterin dazu, die Energien positiv zu lenken. Laden Sie ihn in einer kleinen Meditation mit Ihren eigenen Energien und Motivationen auf, bevor Sie ihn das erste Mal benutzen. Sie werden spüren, wie er Ihnen bei Ihrer magischen Arbeit ein unentbehrlicher Wegbegleiter wird.

Der Kelch

Der Kelch steht für das Element Wasser, das Blut und die Stärke der großen Göttin. Wir nehmen in unseren Ritualen die Kraft und Stärke der großen Göttin in uns auf, indem wir dabei aus dem Kelch einen Schluck trinken oder bei mehreren Teilnehmern, den Kelch herumreichen und uns zuprosten mit dem Grußwort »Achut«.

Der Dolch

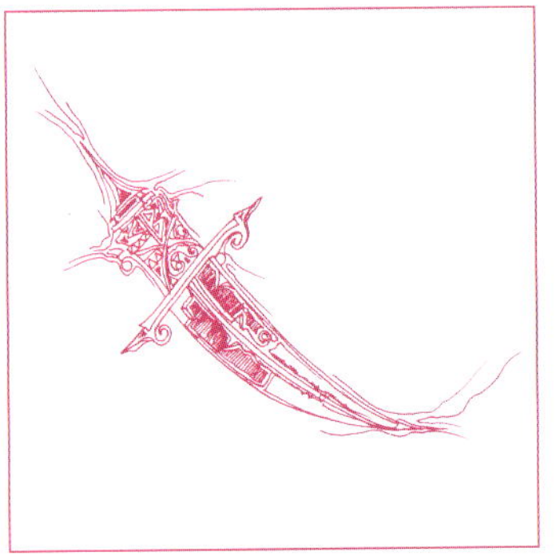

Der Dolch ist ebenfalls ein wichtiges Ritualutensil, da er dazu benutzt wird, die Energien, die in den Ritualen aufkommen, in die richtigen Bahnen zu lenken. Er ist ein Hilfsmittel des Befehls und zerschneidet schlechte Energien. Das Messer sollte zweischneidig und stumpf sein. Manche Eingeweihte benützen ein Schwert bei ihren Ritualen, was die gleiche Bedeutung hat.

Das Pentakel

Das Pentakel ist ein Pentagramm, das auf Pergamentpapier, Holz oder Ähnlichem aufgezeichnet wird und mit Ihren persönlichen Geheimzeichen beschriftet ist: z. B. Ihr Name in der Hexenschrift usw. Das Pentakel repräsentiert in Ihren Ritualen genauso wie Ihre Früchte und Blumen als Opfergaben das Element Erde.

Geben Sie Ihren Ritualutensilien einen eigenen Platz. Denn jedes Ding braucht seinen festen Platz und fügt sich in eine größere Ordnung ein.

Das Räuchergefäß

Das Räuchergefäß ist meistens aus Kupfer oder Messing und wird dazu benutzt, dem Ziel entsprechend Räucherungen vorzunehmen. Meistens dienen dazu Weihrauch, Sandelholz oder Salbei. Es gibt Erfolgsräucherungen, Liebesräucherungen, Geldräucherungen usw. Füllen Sie Ihr

Räuchergefäß immer mit etwas Sand oder Erde auf, damit der Griff nicht zu heiß wird. Sie benötigen Räucherkohle, Ihre entsprechende Räucherung und Ihre Feder. Entzünden Sie die Räucherkohle, geben Sie etwas von Ihrer Räucherung darauf, und fächern Sie dann mit Ihrer Feder Ihr Wunschziel in das Universum. Dies ist ein uralter Brauch in der Wicca-Tradition und kann unter Umständen sogar einen Trancezustand hervorrufen. Die Räucherung steht für das Element Luft.

Der Hexenkessel

Mystische Klänge, aber auch Musik im Allgemeinen transportieren den Zauber eines Rituals und gestalten es dadurch noch wirkungsvoller.

Der Hexenkessel, der meistens dreibeinig ist, verkörpert die Fruchtbarkeit der großen Göttin. Er steht für die Inspiration und für die Unsterblichkeit Ihrer Seele. Sie können Ihren Hexenkessel mit Blumen schmücken, Feuer in ihm entzünden und darin Ihren Wunschzettel verbrennen. Sie können ihn auch mit selbst zubereiteten Liebessalben, Cremes, usw. füllen. Meistens steht der Kessel im Mittelpunkt des Rituales.

Um eine zauberhafte Atmosphäre zu schaffen, schmücken Sie Ihren Altar mit Blüten der Jahreszeit. Frisches Wasser hat beruhigende Wirkung.

Wichtige Tipps für Ihr Ritual

Eine kleine Anmerkung sei mir an dieser Stelle erlaubt: Lassen Sie sich Zeit bei der Besorgung Ihrer Ritualutensilien. Meistens finden Sie auf Flohmärkten oder in Second-Hand-Geschäften genau das, was Sie suchen. Auch gibt es in den meisten Städten Esoterikshops, in denen Sie Musik und Zubehör erhalten.

Ich selbst habe bereits zwei Musikalben mit Anrufungen und Liebesliedern produziert: »Year of the Wicca«, »Magic Love« und die Single-CD »Luna«. Musik ist ein wesentlicher Bestandteil der Rituale. Durch sie haben die Gedanken freien Lauf, und der Kopf wird frei von alltäglichen Sorgen und Problemen. Wählen Sie also sorgfältig Ihre Musik aus, und lassen Sie sich inspirieren. Im Anhang dieses Buches finden Sie auch eine Bestelladresse. Wenn Sie trotz aller Bemühungen noch nicht das Richtige gefunden haben, wie beispielsweise magische Öle, Räucherungen, Ritualkerzen, Kobolde, Talismane, Musik usw., dann können Sie dort all die Dinge beziehen, die Sie für Ihre Rituale benötigen. Bedenken Sie beim Kauf immer, dass diese Gegenstände für Sie einen besonderen Wert haben werden.

Rituelle Handlungen benötigen einen festen Zeitrahmen. Legen Sie ihn fest, und halten Sie sich genau daran. Sonst wird die Wirkung des Rituals geschwächt.

Eine rituelle Reinigung in einem wohltuenden Blütenbad schafft Klarheit und gibt Kraft für erfolgreiche Magie.

Daran sollten Sie denken

- Führen Sie Ihre Rituale immer konsequent durch. Wenn Sie sich beispielsweise für ein Liebesritual entscheiden, legen Sie vor Beginn des Rituals immer die Anzahl der Durchführungen fest, z. B. möchten Sie an sieben Freitagen hintereinander zur Venusstunde (siehe Seite 119 »Regententabelle«) Ihr Ritual durchführen.Wählen Sie immer ungerade Zahlen. Bis zur magischen Zahl Elf können Sie ganz nach Belieben wählen.
  Bei Geldritualen nehmen Sie den Donnerstag zur Jupiterstunde usw. Denken Sie daran: Das, was Sie begonnen haben, sollten Sie auch zu Ende bringen, denn sonst kann sich die Energie nur mit halber Kraft entfalten.
- Am besten nehmen Sie vor Beginn Ihres Rituales noch ein Apfelessigbad. Dieses verhilft Ihnen zu einer positiven Aura und vertreibt schlechte Energien.
- Legen Sie dann jeden unnötigen Schmuck ab – ausgenommen Amulette oder Talismane.
- Kleiden Sie sich in Schwarz, denn dies ist die Farbe des Schutzes.
- Empfehlenswert ist der ursprüngliche und direkte Kontakt zum Boden. Tragen Sie am besten keine Schuhe, denn Sie sind dann intensiver mit der Erde und dem Universum verbunden – ausgenommen im Freien, aber da bevorzuge ich schwarze Schuhe.
- Wenn Sie das Glück haben, eine echte Freundin oder einen echten Freund zu haben, dann bitten Sie sie um ihre Unterstützung bei Ihren Ritualen. Sie müssen sich allerdings sicher sein, dass sie/er auch hinter Ihren Wünschen stehen kann, denn nichts kann vernichtender sein als Zweifel oder falsche Unterstützung. All Ihre noch so intensiven Bemühungen wären erfolglos.
- Das Wichtigste bei einem Ritual ist der Glaube an das Ziel, denn Magie entsteht im Kopf, und alles, was Sie sich hier zurechtlegen, kann in der Materie entstehen. Versuchen Sie darum, eine positive Einstellung zu sich selbst und Ihrer Umwelt herzustellen, und Ihr Leben wird für Sie zufrieden stellend sein.
  Jagen Sie keinen Trugbildern hinterher, sondern versuchen Sie, aus allem und sich selbst das Beste zu machen. Denn dann kann auch der Engel der Gerechtigkeit zu Ihnen Kontakt aufnehmen, und Ihre Freundin bzw. Ihr Freund, wenn sie/er wirklich voll hinter Ihnen steht, kann Sie voll und ganz energetisch unterstützen.

Es gibt genügend Anlässe, um ein Ritual durchzuführen. So eignen sich besonders gut die Jahresfeste dazu. Aber auch die einzelnen Mondphasen sind ideale Zeitpunkte.

Allgemeine Fragen zum Thema Magie

Was ist eigentlich der Unterschied zwischen weißer und schwarzer Magie? Diese Frage wird mir immer wieder von meinen Leserinnen und Lesern gestellt.
Ich möchte versuchen, Ihnen dies an einem Beispiel zu erklären. Wenn Sie mit Ihren magischen Handlungen Gutes bewerkstelligen und Sie niemandem Ihren Willen aufzwingen und dadurch schaden, dann spricht man von weißer Magie. Sobald Sie aber das Gegenteil davon tun, also gegen den Willen anderer handeln, schaden Sie dieser Person und betreiben somit schwarze Magie.
Vergessen Sie dabei nie, dass alle magischen Handlungen mindestens dreifach auf einen zurückkommen – egal ob positiv oder negativ. Die Entscheidung liegt ganz allein bei Ihnen.

Aufladungs- und Reinigungsritual für Steine, Amulette, Talismane und Ritualutensilien

Amulette, Steine und Talismane sind sehr wichtige magische Werkzeuge, um Veränderungen in Ihrem Leben zu erreichen. Sie funktionieren, indem man sie mit einer positiven Kraft auflädt. Sie geben Ihnen Schutz oder Gesundheit, indem sie negative Energien absorbieren.
Dabei ist es nicht wichtig, ob der Träger an die Kraft glaubt! Ein Talisman muss auf einen zukommen, oder man muss ihn selbst entdecken. Im Grunde ist es egal, was für ein Gegenstand es ist. Es kann ein Stein, eine Feder, ein Ring oder ein Anhänger sein.
Um den größten Nutzen aus Ihrem Amulett, Stein oder Talisman zu ziehen, ist es ratsam, ein Band zwischen Ihnen und den Planetenkräften herzustellen. Dies geschieht am besten, wenn Sie vor dem Gebrauch ein Aufladungsritual durchführen. Tragen Sie Ihren persönlichen Glücksbringer am besten nicht nur als Schmuck, sondern auch als Hilfe, um einen Aspekt in Ihrem Leben zu verändern.

Es sind glückliche Fügungen, wenn wir nicht die Dinge finden, sondern die Dinge uns. Wir müssen nur offen dafür sein, dann können sie auch zu uns gelangen.

Was Sie für dieses Ritual benötigen

ein Amulett, Stein oder Talisman
ein Glas Wasser
eine weiße Kerze
eine Prise Salz
ein weißes Tuch
einen kleinen Tisch
Weihrauch oder Räucherstäbchen (evtl. Sandelholz)

Die Visualisierung ist die Fähigkeit, sich etwas vorstellen zu können, das das bloße Auge nicht sieht. Das gelingt nicht immer auf Anhieb. Doch auch hierzu gibt es Übungen, wie man sein geistiges Auge trainieren kann.

Versichern Sie sich, dass Sie in der nächsten Zeit nicht gestört werden, und verdunkeln Sie einen Raum in Ihrer Wohnung oder Ihrem Haus. Legen Sie ein weißes Tischtuch auf den Tisch, und stellen Sie die Kerze in die Mitte. Zünden Sie die Kerzen mit Hilfe eines Streichholzes an. Entzünden Sie das Räucherstäbchen, und stellen Sie ein Glas Wasser und Ihr Amulett, Ihren Stein oder Talisman daneben. Schließen Sie Ihre Augen, und denken Sie fünf Minuten genau an das, was Sie mit Ihrem persönlichen Glücksbringer erreichen möchten. Die größtmögliche Wirkung erzielen Sie, wenn Sie sich eine konkrete Situation und deren Endergebnis vorstellen (z. B.: Wenn Sie Ihren Talisman für Erfolg programmieren möchten, dann visualisieren Sie den Arbeitsplatz, den Sie bekommen möchten, und sehen Sie sich selbst in der erreichten Position mitten in Ihrem neuen Büro). Nehmen Sie eine Prise Salz, und streuen Sie sie langsam in das Wasser. Visualisieren Sie, dass das Wasser mit goldenem Licht gefüllt wird, und sprechen Sie:

Mit diesem Salz
segne ich dieses Wasser,
möge, was immer es berührt,
mit Licht gesegnet sein!

Besprengen Sie Ihren Glücksbringer mit ein paar Tropfen dieses Wassers, und sprechen Sie:

Mit diesem geheiligten Wasser
segne ich den Talisman,
so dass...
(verdeutlichen Sie Ihre Absichten)

Führen Sie den Glücksbringer durch den Rauch des Räucherstäbchens, und sprechen Sie:

Mit diesem brennenden
Räucherwerk lade ich den Talisman,
so dass...
(verdeutlichen Sie Ihre Absichten)

Führen Sie den Glücksbringer durch die Kerzenflamme, und sprechen Sie:

Mit dieser heiligen Flamme
reinige ich den Talisman,
so dass...
(verdeutlichen Sie Ihre Absichten)

Setzen Sie sich hin, schließen Sie Ihre Augen, und halten Sie Ihren Glücksbringer in der rechten Hand. Stellen Sie sich vor, dass ein strahlendes, weißes Licht ungefähr einen halben Meter über Ihnen ist und in alle Richtungen ausstrahlt.
Konzentrieren Sie dabei Ihre Energie auf diese Sphäre. Sie werden in einen Kanal aus weißem Licht blicken, der in Ihren Körper und Ihren Geist eindringt. Imaginieren Sie, wie die Energie langsam in Ihren Nacken fließt, wo sie eine zweite Sphäre aus violettem Licht formt, die weiter in Ihren Hals bis zur Kehle fließt. Langsam gelangt das Licht bis zum Solarplexus, wo es eine große, goldene Sphäre bildet. Sie fühlen sich warm und gestärkt von diesem kosmischen Licht.
Mit all dieser kosmischen Energie in Ihnen wird dieses goldene Licht ganz durch Ihren Körper direkt in Ihr Amulett, Ihren Stein oder Talisman fließen.
Visualisieren Sie dann wieder vor Ihrem geistigen Auge, dass die Vision, die Sie mit Ihrem Glücksbringer verbindet, erfolgreich wird. Nehmen Sie sich noch ein paar Minuten zum Entspannen, während Sie noch einmal an die Absicht des Glücksbringers denken.
Trinken und essen Sie nun etwas, um wieder zurück zur Erde in das Hier und Jetzt zu kommen. Sie können nun alles über Ihren Glücksbringer vergessen, weil er mit dem Kosmischen und Ihrem Unterbewusstsein arbeitet. Seien Sie aber auf einige interessante Veränderungen in der nahen Zukunft gefasst.

Auch der Umgang mit Energien will gelernt sein. Wie bei vielem macht auch hier die Übung den Meister. Durch die Erfahrungen, die Sie dabei sammeln, werden Sie herausfinden, was Sie brauchen, um Energien zu nutzen, zu steigern und zu erzeugen.

Der Hexenbesen

Auf vielen Abbildungen sieht man Hexen auf einem Besen reiten. Woher kommt eigentlich diese Verbindung, und was für eine Bedeutung hat der Besen? Schon im frühen Mittelalter nannte man die Hexen oftmals Besenamazonen. Bereits bei den alten Römern hatte man den Besen mit der weiblichen Magie und den Zauberinnen in Verbindung gebracht. Dort kehrten nämlich die Hebammen mit besonderen Besen die Schwelle eines Hauses nach der Geburt eines Kindes. Mit dieser Geste wollte man böse Einflüsse von der Mutter und ihrem Kind abhalten.

Der Besen wurde auch mit der von Priesterinnen vollzogenen Hochzeitszeremonie in Verbindung gebracht. Bei den Zigeunern, deren Hochzeiten noch lange von Hebammen vollzogen wurden, war der Sprung über den Besen ein wichtiger Teil des Ritus. Er sollte Glück bringen.

Die Hebammen waren symbolisch so eng mit dem Besen verbunden, dass die mittelalterlichen Behörden natürlich argwöhnten, er könnte als magischer Stab zum Einsatz gebracht werden, um die Hexen und weisen Frauen zu ihrem Sabbat oder Fest zu tragen.

Aus dieser Zeit kommt auch die Vorstellung von den auf dem Hexenbesen reitenden Frauen. Weil man glaubte, dass Hexen

Es muss sich nicht um einen gekauften Besen handeln, sondern Sie können sich auch Ihren eigenen anfertigen. Entscheiden Sie sich bewusst für ein Holz, denn jeder Baum steht für etwas anderes. So hat Eschenholz z.B. schützende Wirkung.

Der Ritt auf dem Besen – so kennt man Hexen aus den Legenden und Sagen. Auch heute noch werden Hexen mit diesem Bild assoziiert.

unfähig seien, fließendes Wasser zu durchqueren, hielt man es allgemein für ein Unglück der schlimmsten Art, wenn man einen Besen über einen Wasserlauf tragen musste. Der Grund für diesen widersinnigen Aberglauben lag wahrscheinlich in der allgemeinen Angst vor dem Fluch einer Hexe.
Speziell zu den acht großen Hexenfesten wird der magische Kreis symbolisch mit Hilfe eines solchen Besens von schlechten Energien befreit und geschützt.
Hinweise zu den großen Hexenfesten finden Sie auch in meinem Buch »Hexenwissen« (siehe Literaturhinweis Seite 170).

Magnetisiertes Wasser

Magnetisiertes Wasser ist ein idealer Energiespender. Probieren Sie es ruhig einmal, und lassen Sie sich von der Wirkung überzeugen.

Um Wasser zu magnetisieren, halten Sie Ihre Hände fünf Minuten lang unter kaltes fließendes Wasser. Füllen Sie dabei drei hohe Trinkgläser mit normalem Leitungswasser. Diese stellen Sie nun in ca. 15 Zentimeter Abstand nebeneinander auf eine neutrale Unterlage (z. B. Steinplatte, Marmor, usw.). Legen Sie beide Hände aufeinander, und reiben Sie Ihre Handflächen zwei Minuten lang. Danach halten Sie die linke Hand in einem Abstand von ca. fünf Zentimetern eine viertel Stunde über das linke Glas.
Danach sollten Sie dasselbe mit der rechten Hand über dem rechten Glas tun. Das Glas in der Mitte soll Ihnen lediglich zum Vergleichszweck dienen. Erstaunlicherweise werden Sie feststellen, dass das mit der rechten Hand magnetisierte Wasser frisch, prickelnd, metallisch (meist nach Eisen) schmeckt und das mit der linken Hand bestrahlte Wasser fad und abgestanden. Das auf diese Weise gewonnene Wasser bringt Ihnen, wenn Sie es regelmäßig trinken, verbrauchte Energien zurück. Es ist aber auch ausgezeichnet geeignet, Ihre Pflanzen zu kräftigen und ihnen zu einem gesunden Wachstum zu verhelfen.
Auch Ihren Haustieren können Sie so zu neuer Vitalität verhelfen, und auch Ihre Pflanzen können Sie positiv beeinflussen. Sie werden schon nach kurzer Zeit feststellen, dass Ihre Blumen, Pflanzen und Bäume tatsächlich schneller wachsen, kräftiger werden und dass die Farben der Blüten intensiv zu leuchten beginnen. Vielleicht gelingt es Ihnen nicht gleich beim ersten oder zweiten Mal. Lassen Sie sich nicht entmutigen. Versuchen Sie es einfach wieder. Ich bin sicher, dass es Ihnen bald gelingen wird.

Rituale von Abschied bis Zufriedenheit

A wie Abschieds- und Loslassrituale

Er lässt mich nicht in Ruhe

Vor einiger Zeit habe ich mich von meinem Freund getrennt. Leider lässt er mich seither nicht in Ruhe. Nachts bombardiert er mich mit Telefonanrufen, SMS auf mein Handy, außerdem schreibt er mir ständig Briefe. Seit einiger Zeit habe ich auch das Gefühl, dass er mir hinterherspioniert. Auch meine Freunde und Bekannten sind nicht sicher vor ihm. Er versucht, alles über mich herauszufinden, und kann sich nicht damit abfinden, dass unsere Beziehung beendet ist. Bitte, liebe Thea, können Sie mir helfen? Was kann ich tun, damit dies alles ein Ende hat und ich wieder ruhig schlafen kann?

Elisabeth Sch., Braunschweig

Bei einem Ritual, bei dem es ums Loslassen geht, kommt es auf die innere Gelassenheit an. Um die zu erlangen, bedarf es regelmäßigen Meditierens.

Thea: Ich rate Ihnen, das folgende Ritual durchzuführen. Dazu brauchen Sie zwei weiße Kerzen, eine pinkfarbene (für das weibliche Prinzip) und eine hellgrüne (für das männliche Prinzip). Ritzen Sie in die Kerzen Ihren Namen sowie den Ihres Exfreundes ein. Zünden Sie die Kerzen erstmals an einem Dienstag zur Marsstunde (siehe Regententabelle Seite 119) an, und setzen Sie sich zehn Minuten lang in Ruhe hin und meditieren. Sprechen Sie dabei die folgende Zauberformel:

Ich wünsche mir
von ganzem Herzen,
in göttlichem Ermessen,
dass wir uns in Freundschaft
und Harmonie trennen können!

Diese Meditation wiederholen Sie an den folgenden sieben Tagen jeweils zur Marsstunde. Wenn Sie dieses Ritual durchgeführt haben, wird Sie Ihr Exfreund sicher nicht mehr belästigen.

Probleme mit der Mutter

Liebe Thea, ich bin mittlerweile 35 Jahre alt, habe einen lieben Mann und zwei Kinder. Wir wohnen in einem schicken kleinen Einfamilienhaus in einem sehr kleinen Dorf in der Pfalz. Das Problem, das ich habe, ist meine Mutter. Sie wohnt nur eine Straße weiter. Ständig mischt Sie sich in mein Leben ein, egal, ob es um meine Partnerschaft zu meinem Mann geht oder um die Kindererziehung. Sie muss sich immer einmischen und kann es nicht lassen, einen Streit zu provozieren. Öfter habe ich auch das Gefühl, dass Sie einen Keil zwischen mich und meinen Mann schieben möchte. Auch in der Nachbarschaft hat sie mich schon schlecht gemacht. Was kann ich tun, damit wir ein besseres Verhältnis bekommen? Wegziehen wollen wir aber auf keinen Fall.

Marlene C., Landau

Um sich aus überholten Beziehungsstrukturen lösen zu können, müssen Sie sich bewusst werden, was Sie wollen. Erst dann können Sie auch eine andere Person wieder neu für sich entdecken und ihr neu begegnen.

Thea: Ich empfehle Ihnen in diesem Fall ein Auflösungsritual, welches Sie an sieben Sonntagen jeweils zur Saturnstunde (siehe Seite 119 Regententabelle) durchführen sollten. Hierfür benötigen Sie zwei weiße Kerzen, zwei weibliche, weiße Figurenkerzen, Magic Oil, Bend Over Oil und Forget Her Oil sowie Bend Over Powder. Besorgen Sie sich auch, wenn möglich, einen gelben Kobold. Richten Sie einen Altar her, den Sie mit weißen und gelben Blumen schmücken. Stellen Sie Ihre Kerzen auf, und ritzen Sie in die Figurenkerzen Ihren Namen und den Namen Ihrer Mutter. Ölen Sie nun die weißen Kerzen mit Magic Oil und die Figurenkerze Ihrer Mutter mit Forget Her Oil und dann mit Bend Over Oil ein. Entzünden Sie das Powder auf einer Räucherkohle, die Sie mit Hilfe eines Streichholzes entzünden. Nehmen Sie nun den Kobold in die linke Hand, und bitten Sie die große Göttin Diana um Ihre Aufmerksamkeit. Schreiben Sie Ihren Wunsch auf einen Zettel, und stellen Sie sich vor, wie Sie beide getrennt leben und sich wie Freundinnen gegenseitig besuchen. Öffnen Sie die Augen, und sprechen Sie neunmal hintereinander folgende magische Formel:

Getrennte Wege,
Mutter und ich, jeder für sich,
in Harmonie und Liebe geht jede ihren Weg,
jede für sich, so soll es sein!

Nach dem siebten Sonntag verbrennen Sie Ihren Zettel und streuen die Asche sowie die Reste der Figurenkerzen in einen Fluss. Den Kobold schenken Sie zu einem guten Anlass Ihrer Mutter.

A wie Auflösung negativer Energien und von Ängsten

Kann ich meine Ängste stoppen?

Seit einigen Jahren bin ich schon Single. Leider habe ich mich in dieser Zeit immer mehr zu Hause verkrochen. Da ich arbeitslos bin und daher sowieso kaum unter Menschen komme, bin ich am liebsten daheim. Mein Problem ist aber auch, dass ich mich nicht mehr unter Menschen traue. Wenn ich einkaufen gehe, versuche ich, zu den Zeiten zu gehen, wenn am wenigsten los ist. Liebe Thea, Sie können sich gar nicht vorstellen, wie schlimm das ist. Ich bekomme Schweißausbrüche, Depressionen, Angstzustände. Ich habe das Gefühl, dass mich alle verurteilen, weil ich keinen Arbeitsplatz habe. Wenn ich auf ein Amt gehen muss, um mit einem Beamten zu sprechen, ist das für mich kaum möglich. Nun wurde mir auch noch meine Sozialhilfe gekürzt, weil ich mich nicht getraut habe, auf das Amt zu gehen.

Wolfgang M., Berlin

Rituale geben Ihnen Kraft und Vertrauen, sich zu öffnen und Neuem zu begegnen. Es ist nach einem Ritual nicht immer zu erwarten, dass sich alles gleich in Wohlgefallen auflöst. Häufig sind angestrebte Ziele mit Arbeit und Ausdauer verbunden.

Thea: Solche Ängste sind leider in unserer heutigen Leistungsgesellschaft nicht selten. Der Anspruch und der Druck von außen, immer perfekt funktionieren zu müssen, überfordert uns oft und erreicht eher das Gegenteil: Wir ziehen uns zurück. Um derartige Ängste überwinden zu lernen, gibt es ein magisches Ritual.

Der günstigste Zeitpunkt dafür ist der Neumondtag, aber auch Samstage sind gut geeignet. Bereiten Sie sich einen Altar mit einer weißen Tischdecke, und stellen Sie zwei weiße Kerzen darauf. Schreiben Sie sich auf ein weißes Papier genau auf, welche Ängste Sie loswerden wollen. Dabei streuen Sie getrocknete Lorbeerblätter auf den Altar. Reiben Sie die Kerzen mit Angel Oil ein, von der Mitte nach oben und von der Mitte nach unten, und entzünden Sie diese. Jetzt setzen Sie sich bequem vor Ihren Altar und beginnen, in einen braunen Faden sieben Knoten zu binden. Bei jedem Knoten sprechen Sie laut den Text, den Sie auf Ihren Wunschzettel geschrieben haben. Anschließend stellen Sie sich vor, wie ein strahlender weißer Lichtstrahl aus dem Himmel auf Sie niederfällt, direkt in Ihren Solarplexus (Bauchmitte) fährt und Sie von dort aus innerlich mit diesem weißen Licht erfüllt. Sie werden ganz ruhig und gelassen und genießen die Wärme, die Sie durchdringt. Nach dieser Meditation danken Sie den kosmischen Energien für die Kraft, die sie Ihnen dadurch gegeben haben. Zum Schluss des Rituals verbrennen Sie den braunen Faden in einem feuerfesten Gefäß.

Das Ritual gegen Bösartigkeiten wirkt nur, wenn es sich wirklich um Bösartigkeiten handelt. Prüfen Sie zuvor, ob es nicht um einen Zwist geht, an dem auch Sie Ihren Anteil haben.

B wie Bösartigkeiten

Ein Ritual, um sich von Bösartigkeiten zu befreien

Dieses Ritual zielt nicht auf Menschen ab, die einfach nur manchmal nerven. Nein, wir sprechen hier von den wirklich bösartigen und intriganten »Biestern«. Da gibt es z. B. die Mutter einer Freundin, die bei ihrem letzten Besuch süffisant meinte, dass ihre Tochter sie stets an ihre Bekannte Renate erinnere, die könne auch keine Diät durchhalten. Oder eine Freundin hat mit einer Konkurrentin zu kämpfen, die ihr durch ihre ständigen Attacken das Leben zur Hölle macht. Dadurch rutschte ihr Selbstbewusstsein ziemlich in den Keller.

Wer Unheil wie einen Vogelschwarm über sich kreisen spürt, sollte es mit guten, wirkungsvollen Schutzzaubern probieren.

Also es geht um diese »Biester«, die uns hassen; denen wir es niemals recht machen können. Egal, wie sehr wir uns bemühen, sie treffen uns mit ihren Giftpfeilen, so dass wir zutiefst verletzt sind.
Es wäre von Vorteil, wenn Sie sich ein Protokollbüchlein zulegen, in dem Sie notieren, was Ihnen so alles an den Kopf geworfen wird, alle Beschimpfungen, alle Beleidigungen und Demütigungen. Bevor Sie dann mit Ihrem Ritual beginnen, lesen Sie Ihre Eintragungen durch. Vielleicht spüren Sie dabei, wie Wut, Enttäuschung und Zorn in Ihnen hochsteigen.
Beginnen Sie Ihr Ritual bei abnehmendem Mond an einem Samstag zur Saturnstunde. Sie benötigen Efeublätter, aus denen Sie einen Sud abkochen, den Sie in einer kleinen Flasche aufbewahren. (Bitte nicht trinken und gut verschließen, da manche Efeuarten hochgiftig sein können!) Besorgen Sie sich eine schwarz durchgefärbte Kerze, Räucherkohle und getrocknete Kamillenblüten.
Bauen Sie Ihren kleinen Altar in einer Ecke Ihres Hauses oder Ihrer Wohnung auf, in der Sie ungestört für einige Zeit arbeiten können. Ritzen Sie in die Kerze nun den Namen der ungeliebten Person ein, und salben Sie dann die Kerze mit dem Efeusud gut ein. Bitte danach die Hände waschen! Entzünden Sie nun die Räucherkohle in einem feuerfesten Gefäß, und streuen Sie einige der getrockneten Kamillenblüten auf Ihre Räucherung. Entzünden Sie Ihre Kerze, und konzentrieren Sie sich auf die Person, die Ihnen das Leben zur Hölle macht. Blicken Sie in die Flamme der Kerze, und sprechen Sie siebenmal hintereinander:

Ein Ritual gegen Bösartigkeiten ist auch eine Art Schutzritual. Indem Sie es ausführen, gelingt es Ihnen, sich von Dingen, die Sie belasten, abzugrenzen.

Zurück in den Kosmos
der mir von dir zugefügte Schmerz,
zurück in das Universum
die mir von dir verursachte Traurigkeit,
zurück zu seinem Ursprung
das Leid, das du mir gebracht,
alles zurück an die göttliche Gerechtigkeit
im Namen der göttlichen Kraft!
Sella!

Führen Sie dieses Ritual siebenmal jeweils an einem Samstag zur Saturnstunde durch, und begraben Sie den Kerzenrest in der Nähe der betreffenden Person.

Denken Sie immer daran, dass Sie sich nicht auf das Niveau des Neides und Hasses herablassen, denn alles kehrt wieder zurück! Sie werden sehen, fortan haben Sie nun Ruhe, und viel liebevollere und nettere Menschen können nun in Ihr Leben treten.

Wenn Sie sich gerade besonders angegriffen, schwach und verwundbar fühlen, wirkt ein kleiner Energieschub häufig Wunder.

Rettungsprogramm für Notfälle

Wenn Sie sich einmal besonders unwohl und schlecht fühlen, lege ich Ihnen das folgende Rezept ans Herz. Es verhilft zu neuer Stärke und verleiht neuen Mut und Kräfte.

Magischer Notfalltee

Mischen Sie zu gleichen Teilen Zitronenmelisse, Hopfen und Kamille. Geben Sie das Ganze in kochendes Wasser, und lassen Sie den Sud etwas ziehen. Nachdem alles abgekühlt ist, geben Sie die gleiche Menge Orangensaft hinzu. Nun noch etwas Honig und Ingwer hinzugefügt, und fertig ist der magische Notfalltee.

Trinken Sie diesen Tee, und entspannen Sie sich ganz bewusst dabei. Spüren Sie, wie er Sie mit Ruhe und Zuversicht erfüllt.

Was Ihnen außerdem noch helfen kann

- Mixen Sie sich eine Bananenmilch. Wenn Sie es mögen oder Kuhmilch nicht vertragen, dann können Sie auch Soja- oder Getreidemilch verwenden. Fügen Sie auch noch etwas Zitronensaft hinzu, der das Gegenstück zu der süßen Banane bildet.
- Trinken Sie Edelsteinwasser. Dieses bereiten Sie zu, indem Sie einen Aquamarin (dieser Edelstein hilft beim Überwinden und Loslassen von Schwierigkeiten) in einen mit Wasser gefüllten Tonkrug geben und für einige Stunden dem Sonnenlicht aussetzen. Das Wasser nimmt die Energie der Sonne auf.

- Tragen Sie helle und freundliche Farben. Verbannen Sie dunkle Kleidung für die nächsten Tage erst mal von Ihrer Kleiderordnung, und wählen Sie stattdessen Gelb, Orange, helles Blau.
- Essen Sie viel Obst und Gemüse, vor allem in den Farben Gelb, Orange und Rot. Das macht Sie fröhlicher und hellt Ihr Gemüt auf.
- Versuchen Sie, Ihre Wohnung in Gelbtönen zu halten. Dies kann Ihnen ganz leicht gelingen, z. B. mit gelben Blumen, einer gelben Tischdecke, gelben Servietten usw.

Um sich fit zu fühlen für den Alltag, helfen morgens kleine Rituale. Wahrscheinlich haben Sie sowieso schon Ihre eigenen gefunden, doch vielleicht probieren Sie auch einmal neue aus.

B wie Besser leben

Wie komme ich gut in den Tag?

Wenn Sie sich z. B. morgens, gleich nachdem Sie Ihre Augen geöffnet haben, ganz bewusst einem kleinen Ritual unterziehen, dann gehen Sie einem angenehmen und ausgeglichenen Tag entgegen. Zunächst sollten Sie sich morgens von einem sanften Radiowecker wecken lassen. Verwenden Sie keine lästigen, schrillen oder pfeifenden Wecker. Versuchen Sie, auch Ihren Partner oder Ihre Partnerin immer ganz sanft zu wecken. Der Schlafende wird ansonsten aus seinem Traum gerissen und bekommt nicht die Möglichkeit, zwischen Traum und Wirklichkeit zu unterscheiden sowie sich entsprechend anzupassen. Bleiben Sie daher unmittelbar nach dem Aufwachen erst einmal fünf Minuten liegen, und denken Sie über Ihren Traum nach. Nehmen Sie auch ruhig einen Block zur Hand, in den Sie alle Ihre Träume notieren. Vielleicht führen Sie bereits sogar ein Traumbuch.

Anschließend überprüfen Sie Ihre beiden Nasenlöcher. Achten Sie darauf, welches von beiden verstopft ist. Stehen Sie dann mit dem entgegengesetzten Fuß auf. Sollte also das linke Nasenloch verstopft sein, stehen Sie mit dem rechten Fuß zuerst auf, wenn das rechte Nasenloch verstopft ist, entsprechend mit dem linken Fuß. Sollten einmal beide Nasenlöcher verstopft oder frei sein, stehen Sie mit beiden Füßen gleichzeitig auf. Gehen Sie an ein Fenster, und öffnen Sie dieses. Atmen Sie mehrmals kräftig ein und wieder aus, und genießen Sie den Blick.

Versuchen Sie sich vorzustellen, was Sie von dem heutigen Tag erwarten. Berücksichtigen Sie bei Ihrer Terminplanung auch die

Planetenenergien der einzelnen Wochentage (Seite 113ff.). Stellen Sie sich vor einen Spiegel, und betrachten Sie sich. Seien Sie stolz auf sich, und versuchen Sie nicht falschen Idealen hinterherzujagen. Verwirklichen Sie viel mehr Ihre eigene, vollkommen eigenständige Individualität.

Zum Beenden dieses morgendlichen Rituals drehen Sie sich zehnmal im Uhrzeigersinn. Fixieren Sie aber anschließend unbedingt einen Punkt, um nicht umzukippen. Drehen Sie sich anfangs, wenn Sie zum ersten Mal dieses Ritual durchführen, nur drei- bis fünfmal. Steigern können Sie das Ganze immer noch.

Vielleicht fragen Sie sich, warum drehen? Damit bringen Sie Ihren Körper wieder in Einklang, und die Schwingungen können sich neu einstellen und somit koordinieren. Ist Ihnen schon einmal aufgefallen, dass sich die meisten Tiere vor dem Schlafenlegen mehrmals drehen, bis sie sich endgültig in ihre Schlafposition begeben? Wir Menschen kennen dieses Drehen nur noch aus unserer Kindheit. Unsere Schulzeit und der moderne Alltag haben dieses natürliche Verhalten verdrängt.

Rituale geben Sicherheit und Kraft. Gehen Sie Rituale auch nicht verkrampft an, sondern genießen Sie sie. Erst dann machen sie wirklich Sinn.

Was kann ich gegen meinen Nachbarn tun?

Vor einem Jahr habe ich endlich mein Traumhaus gefunden. Alles schien perfekt, ich habe einen wunderschönen Naturgarten mit vielen Pflanzen, Bäumen und Sträuchern. Nach einiger Zeit taten sich aber schon die ersten Probleme auf. Mein Nachbar tyrannisiert mich ständig. Er bezeichnet mich als Schlampe, weil mein Garten nicht so perfekt gedrillt aussieht wie seiner. Er sitzt den ganzen Tag in seinem Garten, pflegt seine Rosen, seinen englischen Garten, auf den er besonders stolz ist, und macht mir mein Leben von morgens bis abends zur Hölle.

Ich habe einen kleinen Bereich in meinem Garten, den ich liebevoll »Wilden Bereich« genannt habe, wo alles so wachsen und gedeihen kann, wie es will. Dort habe ich mir nun einen wunderschönen Ritualplatz eingerichtet. Leider habe ich aber kaum Möglichkeiten, diesen dementsprechend zu nutzen, weil mein Nachbar jeden meiner Schritte verfolgt und des Öfteren sogar schon die Polizei gerufen hat. Da ich in einem kleinen Ort lebe, hetzt er natürlich auch die ganzen Nachbarn auf mich.

Roswitha W., Denkendorf

Ein verwunschenes Häuschen mit eigenem Kräutergarten – davon träumen viele von der Alltagshektik geplagten Großstadtmenschen.

Thea: Es kann kein Mensch in Frieden leben, wenn es dem bösen Nachbarn nicht gefällt. Aber auch dagegen können Sie etwas tun. Zunächst besorgen Sie sich Haselnusszweige und stecken sie in allen Ecken Ihres Gartens in die Erde. Das wehrt böse Geister und auch böse Menschen ab. Ihr Nachbar kann so auf jeden Fall Ihren Garten nicht mehr betreten.

Parallel dazu führen Sie an sieben Sonntagen zur Sonnenstunde (siehe Regententabelle Seite 119) ein kleines Ritual durch. Dazu stellen Sie sich Richtung Osten einen Altar auf. Wenn möglich, sollte dieser Altar im Garten stehen, ansonsten in einem Raum Ihres Hauses oder Ihrer Wohnung. Wichtig ist, dass Sie nicht gestört werden.

Bedecken Sie den Altar mit einem gelben Tischtuch, und stellen Sie gelbe Blumen darauf. Außerdem brauchen Sie eine weiße und eine blaue Kerze. Schreiben Sie auf Butterbrotpapier den Wunsch, den Sie mit diesem Ritual verbinden, z. B. »Ich wünsche, dass mein Nachbar meinen Garten toleriert und nichts mehr gegen mich unternimmt!«

Diesen Wunschzettel legen Sie in die Mitte des Altars, und darauf stellen Sie die beiden Kerzen. Ölen Sie beide Kerzen mit Angel Oil ein, und zünden Sie sie an. Räuchern Sie dazu eine Schutzräucherung. Wenn die Kerzen und die Räucherung brennen, stellen Sie

Wenn Sie ein Ritual durchführen, müssen Sie selbst ganz ehrlich zu sich sein und hinterfragen, was Sie wirklich wollen. Ein nicht ehrlich gemeinter Wunsch kann nicht in Erfüllung gehen.

sich vor, wie Ihr Nachbar zu Ihnen hinüberlächelt und Sie sich gut mit ihm verstehen. Sprechen Sie Ihren Wunsch laut aus.
Bedanken Sie sich schließlich bei den höheren Mächten, die Ihnen zugehört haben und die Sie von nun an beschützen.

Wie kann ich mich gegen meine Kollegen wehren?

Während eines Schutzrituals gegen Bösartigkeiten sollte man sich darüber im Klaren sein, dass niemand und man selbst ebenso wenig es verdient hat, ein Opfer zu sein. Achten Sie auch darauf, dass niemand durch Sie zum Opfer wird.

Letztes Jahr habe ich einen neuen Arbeitsplatz gefunden. Darauf bin ich auch sehr stolz, da ich davor zwei Jahre arbeitslos war. Am Anfang hat auch alles sehr gut geklappt. Mittlerweile aber versuchen einige meiner Kollegen, mich regelrecht zu mobben. Jeder noch so kleinste Fehler von mir wird sofort an die große Glocke gehängt und meinem Chef erzählt. Wenn in unserer Abteilung etwas schief gelaufen ist, dann war das natürlich ich. Das Schlimmste an allem ist aber, dass mein Chef den anderen Kollegen glaubt. Ich habe sogar schon einmal mit ihm darüber gesprochen, aber er sagt: »Mobbing, so was gibt's doch gar nicht!« Mittlerweile habe ich schon eine erste Abmahnung erhalten, für die ich gar nichts kann. Ich habe große Angst, meinen Job zu verlieren, da ich auch nicht mehr die Jüngste bin.

Vera Sch., Braunschweig

Gegen Probleme am Arbeitsplatz helfen Schutzzauber, die gegen negative Schwingungen gerichtet sind.

Thea: Ich empfehle Ihnen, sich zunächst einen schwarzen Turmalin als Anhänger zu besorgen, welchen Sie bitte ständig bei sich tragen. Wichtig ist, dass Sie mindestens eine Woche lang jeden Abend ein Essigbad nehmen. Führen Sie nun an sieben aufeinander folgenden Sonntagen jeweils zur Sonnenstunde ein Schutzritual durch.

Was Sie für dieses Ritual benötigen

zwei weiße Kerzen
eine rote und eine schwarze Schlangenkerze
Protection und Uncrossing Oil
Protection Powder und eventuell einen Schutzkobold

Richten Sie Ihren Altar Richtung Osten aus, und gestalten Sie ihn mit einer weißen Tischdecke, vielen gelben Blumen und den Kerzen. Schreiben Sie sich bitte Ihr Ziel auf einen gelben Zettel, und legen Sie ihn unter die Schlangenkerzen. Entzünden Sie nun die Kerzen und das Powder mit Hilfe einer Räucherkohle und einem Streichholz. Dann nehmen Sie einen gelben Faden zur Hand und stellen sich vor den Altar. Sprechen Sie nun folgenden Zauberspruch siebenmal aus:

Fort, ihr negativen Schwingungen.
Verdunkelt meinen Arbeitsplatz nie mehr.
Tritt ein, du positive Kraft, du bist willkommen hier.
Komm schnell herein, und schließe die Tür.

Mit jedem Spruch binden Sie einen Knoten in den gelben Faden. Am siebten Sonntag nehmen Sie Ihre Ritualkerzen und Ihren Wunschzettel und vergraben alles. Den gelben Faden mit den sieben Knoten verstecken Sie irgendwo an Ihrem Arbeitsplatz.

Wenn das Ritual nicht zum Erfolg führt, dann stärken Sie sich mit vitalisierenden Übungen und gesunder Nahrung, damit Sie neuen Mut erlangen und ein gutes Durchhaltevermögen entwickeln.

C –

D wie Depressionen (siehe Seite 49, 52, 53)

E wie Edelsteine (siehe Seite 48ff.)

F wie Freundschaftsrituale

Ritual für Freundschaft und Vertrauen

Bevor Sie sich einem Freundschaftsritual widmen, überlegen Sie sich, was Ihnen Freundschaft bedeutet und was für Sie ein guter Freund ist. Das gelingt besonders gut bei einem Spaziergang. Vielleicht schreiben Sie es sogar in Ihr Tagebuch oder machen sich sonstwo Notizen.

Um Ihre wahren Freunde von den falschen zu unterscheiden, empfehle ich Ihnen das folgende Ritual: Führen Sie den ersten Schritt an einem beliebigen Vormittag und den zweiten – viermal wiederholt – an einem Freitag zur Venusstunde zwischen 14 und 15 Uhr oder zwischen 21 und 22 Uhr (Winterzeit) durch.

Was Sie für dieses Ritual benötigen

einen halben Liter Buttermilch
fünf rosafarbene Rosen
entspannende Musik
eine rosafarbene Kerze
etwas Salz
eine rosafarbene Decke
Fotos von Freunden und Bekannten
Räucherkessel und -kohle
eine Flasche Rotwein

Wie Sie das Ritual vollziehen

Stellen Sie sich zunächst nackt in Ihre Badewanne oder Dusche. Reiben Sie sich mit Hilfe eines kleinen Schwamms mit der Buttermilch ein. Achten Sie darauf, dass Sie die ganze Buttermilch verbrauchen und alle Stellen Ihres Körpers damit eingerieben haben. Nehmen Sie dann eine der Rosen, und drehen Sie den Blütenkopf ab. Legen Sie die Rosenblätter auf Ihren Körper, und verharren Sie für einen kurzen Moment. Denken Sie dabei an Ihre Freunde und Bekannten, und denken Sie auch darüber nach, was Sie Ihnen bedeuten.

Visualisieren Sie dabei deren Eigenschaften, sowohl die positiven als auch die negativen. Duschen Sie sich danach wieder vollständig ab, und sammeln Sie die Rosenblätter ein. Legen Sie diese zum Trocknen auf Ihre Fensterbank.

Beginnen Sie innerhalb der nächsten acht Tage mit dem zweiten Schritt. Ziehen Sie sich in einen abgedunkelten, ruhigen Raum zurück, und legen Sie beruhigende Musik auf. Präparieren Sie die rosafarbene Kerze, indem Sie sie für etwa zwei Stunden in ein mit Wasser und Salz gefülltes Glas stellen. Setzen Sie sich im Schneidersitz – den Blick nach Osten gewandt – auf den Boden, und breiten Sie vor sich die rosafarbene Decke aus. Stellen Sie darauf eine Blumenvase mit den restlichen vier Rosen. Nehmen Sie die getrockneten Rosenblätter von Ihrer Fensterbank, und legen Sie sie ebenfalls auf die Decke. Breiten Sie vor sich – soweit vorhanden – einige Bilder von Ihren Freunden und Bekannten aus. Entzünden Sie dann die Räucherkohle sowie die rosafarbene Kerze mit Hilfe eines Streichholzes. Legen Sie auf die Räucherkohle die getrockneten Rosenblätter, und sprechen Sie dabei die folgenden magischen Worte:

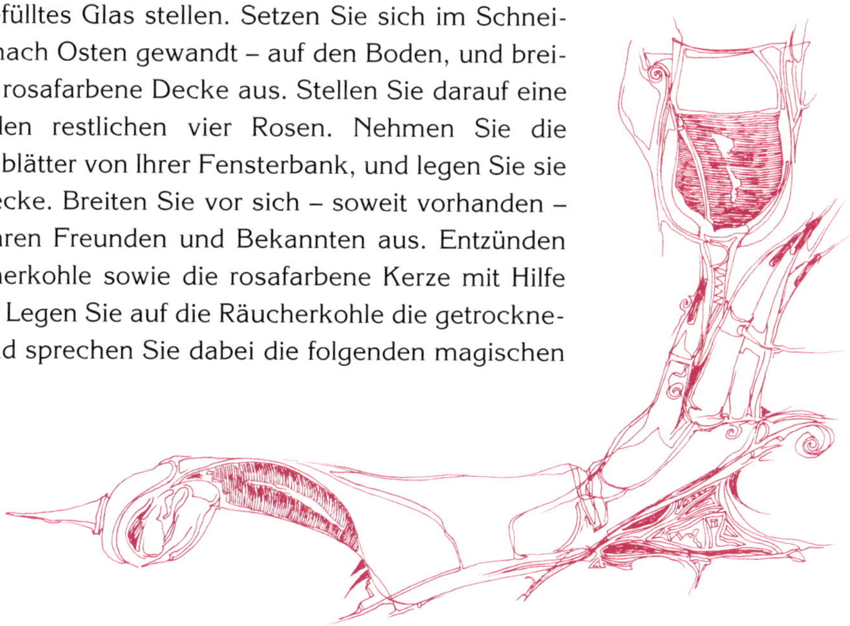

Freunde wollt ihr sein,
Freunde dürft ihr sein!
Achtung und Vertrauen,
darauf wollen wir bauen –
jetzt und immerdar!
Freunde sind wir,
Freunde bleiben wir!
Trennen sollen sich die schlechten,
bleiben sollen nur die echten –
jetzt und immerdar!

Trinken Sie nun einen kräftigen Schluck Rotwein. Nehmen Sie anschließend eine der Rosen aus der Vase, und legen Sie den Blütenkopf wiederum zum Trocknen auf die Fensterbank. Wiederholen Sie diesen zweiten Schritt des Rituals an vier weiteren Freitagen, bis alle Rosen verräuchert sind. Sie werden erstaunt sein, wie viele von Ihren so genannten echten Freunden auf einmal Abstand von Ihnen nehmen werden und welche Freunde bei Ihnen bleiben.

Bei Freundschaften spielt das Vertrauen eine große Rolle. Geben Sie nicht gleich Freundschaften auf, wenn diese verletzt wurden. Es kann sich um ein großes Missverständnis handeln.

G wie Geld- und Wohlstandsrituale

Immer wieder erreichen mich auch Zuschriften von Lesern, die gerne das eine oder andere Ritual durchführen möchten, um etwas mehr Erfolg und Geld zu bekommen. Dabei sollten Sie aber eines immer beachten:

- Erstens kann nur derjenige Geld bekommen, dessen Karma es auch erlaubt. Es könnte ja beispielsweise sein, dass Sie in Ihrem jetzigen Leben gar nicht dafür prädestiniert sind, Reichtum und Wohlstand zu erhalten.
- Zweitens müssen Sie auch Ihre Einstellung zu Geld ändern. Sie können kein Geld erwarten, wenn Sie Geld nicht lieben. Wenn Sie also Geld erhalten möchten, weil Sie den Umgang mit Geld hassen und einfach nur besser leben möchten, können Sie keine positive Reaktion aus dem Universum erwarten. Ihre ganze Einstellung sollte sich also ändern. Geld muss fließen, es darf nicht gehortet werden. Geiz und Sparsamkeit sind ebenfalls Faktoren, die Sie daran hindern, Geld zu erhalten. Überlegen Sie sich das, wenn Sie wieder einmal an einem Obdachlosen vorbeilaufen und er Sie um eine kleine Spende bittet. Denken Sie auch im Restaurant daran, der netten Bedienung etwas zu geben. Dann wird es auch doppelt und dreifach wieder zu Ihnen zurückkommen. Sie müssen lernen, dass Geldausgeben genauso schön ist wie Geld einnehmen. Natürlich muss es immer ein gesundes Gleichgewicht sein. Sie sollten auf keinen Fall mehr Geld ausgeben, als Sie einnehmen und für sich benötigen. Aber Sie sollten es eben in einem gesunden Gleichgewicht halten.

Wenn Sie sich bei Ritualen mit dem Thema Geld beschäftigen, sollte Ihnen klar sein, welchen (Stellen)Wert es für Sie hat. Beobachten Sie sich eine Zeitlang, und kommen Sie dann zu einem Schluss, was Sie wollen.

Wohlstand im Überfluss – so wie die Gans, die goldene Eier legt! Wer wünscht sich das nicht!

Geldsegenritual

Um Ihren Geldsegen zu steigern, möchte ich Ihnen ein besonders schönes Ritual ans Herz legen. Führen Sie dieses Ritual am besten an einem Mittwoch oder Donnerstag jeweils zur Merkurstunde (siehe Regententabelle Seite 119) durch.

Was Sie für dieses Ritual benötigen

einen grünen Efeu
zwei grüne Kerzen
etwas Salz
einen Kelch, gefüllt mit Wasser
eine Feder und eine Schale mit etwas Erde
einen Räucherkessel und -kohle
einen grünen Aventurin
eine grüne Decke
sieben grüne Bindfäden
Teelichte
einen Haselnusszweig oder einen Dolch
Münzen und Scheine

Zunächst sollten Sie sich – soweit möglich – vollständig in Grün-, Orange- oder Goldtönen kleiden. Ziehen Sie sich in einen ruhigen, abgedunkelten Raum zurück, und lassen Sie im Hintergrund etwas beruhigende Musik laufen. Entzünden Sie überall im Raum ausreichend Teelichte, und markieren Sie auch einen Kreis aus Teelichten. Setzen Sie sich im Schneidersitz in die Mitte des Kreises, den Blick nach Osten gerichtet. Bauen Sie vor sich einen kleinen Altar auf. Dazu können Sie ein Tablett o. Ä. verwenden. Legen Sie darauf eine grüne Decke, und stellen Sie links und rechts jeweils eine grüne Kerze auf. Dabei verkörpern die Kerzen sowohl das männliche als auch das weibliche Prinzip. Stellen Sie in die Mitte des Altars den Efeu, daneben den Wasserkelch, die Feder, den Haselnusszweig oder Dolch (sofern Sie einen besitzen), eine Schale mit Erde und den grünen Aventurin. Verteilen Sie auf dem Altar auch einige Münzen und Scheine, die Ihren Wünschen entsprechen. Entzünden Sie die Räucherkohle und die Kerzen von links nach rechts mit Hilfe eines Streichholzes. Nehmen Sie den Haselnusszweig oder Dolch

Geld ist im Fluss. Es kommt und geht. Wenn Sie das Ritual zum richtigen Zeitpunkt durchführen, werden Sie merken, dass es zu Ihnen kommt.

zur Hand, und schließen Sie den Kreis um sich. Sprechen Sie dann folgende Schutzanrufung:

Ihr himmlischen Mächte des Universums,
Schutz über mich und diesen Kreis!
Keine fremden Energien, die euer nicht würdig sind,
können diesen Kreis durchbrechen und stören!
Gebt mir den Schutz und die Kraft,
Energie für Körper, Geist und Seele.
Befreit mich von schlechten Gedanken,
und haltet diese rein und klar!
So soll es sein, und so wird es sein!

Gehen Sie selbst gereinigt und frisch an ein Ritual heran. Dann sind Sie frei für die Wünsche und Belange, die Sie beschäftigen.

Der Kreis ist somit geschlossen und geschützt. Das eigentliche Ritual kann somit beginnen. Nehmen Sie den grünen Aventurin in Ihre linke Handfläche, und halten Sie ihn an Ihr Drittes Auge. Versuchen Sie, einen Kontakt zwischen sich und dem Stein herzustellen. Konzentrieren Sie sich, und lassen Sie die kosmischen Energien durch den Stein in Ihr Drittes Auge fließen.
Wenn Sie möchten, können Sie zusätzlich noch eine Geldräucherung oder Planetenräucherung anwenden. Nach einiger Zeit legen Sie den Stein in die Schale, die mit Erde gefüllt ist. Nehmen Sie nun den Bindfaden, und knüpfen Sie sieben Knoten in diesen. Sprechen Sie mit jedem Knoten, den Sie machen, folgende Zauberformel, und visualisieren Sie dabei den gewünschten Geldsegen:

Knoten, den ich knüpfe,
Wünsche, die ich habe,
Sollen eins und eins,
zusammen eins
wachsen und gedeihen!

Trinken Sie nach jedem geknüpften Knoten einen kräftigen Schluck des Wassers aus dem Kelch. Die so verknoteten Bindfäden vergraben Sie zu einem späteren Zeitpunkt unter dem Efeu, den Sie in Ihrem Garten pflanzen oder zu Ihren Balkonpflanzen eintopfen. Zunächst legen Sie ihn aber in die Schale, die mit Erde gefüllt ist. Nehmen Sie nun die Münzen und Scheine, und legen Sie diese ebenfalls in die mit Erde gefüllte Schale. Nun streuen Sie etwas Salz

in die Schale und gießen einen kurzen Guss Wasser darauf. Das eigentliche Ritual ist beendet. Die kosmischen Mächte werden entlassen, und der Schutzkreis kann wieder geöffnet werden.
Stellen Sie die Schale mit der Erde an einen ruhigen und sicheren Platz. Setzen Sie ihn auch, sofern es sich nicht um Neumond oder abnehmenden Mond handelt, den Energien der Mondgöttin aus. Lassen Sie die Schale für etwa sieben Nächte unbeachtet, und nehmen Sie anschließend Scheine und Münzen wieder heraus. Lassen Sie aber symbolisch einige Geldstücke darin.
Vergraben Sie dann, wie oben beschrieben, den Bindfaden unter dem Efeu ein, und verwenden Sie dazu die Erde aus der Schale. Lassen Sie den Stein und ein paar Pfennige darin. Der Geldsegen kann kommen. Vergessen Sie niemals: Magie ist Wille, Glaube und Imagination.

Wenn Sie das Gefühl haben, vom Pech verfolgt zu werden, achten Sie darauf, dass dieses Gefühl Sie nicht beherrscht. Viel wichtiger ist es, ein Gegengewicht zu schaffen und sich auf schöne und gute Dinge zu konzentrieren.

G wie Glücks- und Erfolgsrituale

Wie werde ich meine Pechsträhne los?

Seit einiger Zeit läuft in meinem Leben alles schief. Ich weiß weder ein noch aus. Zuerst hat sich mein Partner von mir getrennt, weil er eine andere kennen gelernt hat und das Leben mit ihr verbringen möchte. Mein Professor an der Universität macht mir das Leben schwer, so dass ich am liebsten das ganze Studium an den Nagel hängen würde. Nun ist auch noch mein Auto kaputt gegangen, und in meinem Geldbeutel herrscht gähnende Leere. So langsam habe ich das Gefühl, dass ich vom Pech regelrecht verfolgt werde. Was kann ich tun, um mein Leben wieder ins Positive zu bringen?

Miriam W., Landeck

Thea: Zunächst einmal sollten Sie den Kopf nicht hängen lassen und sich auf keinen Fall selbst bemitleiden. Versuchen Sie, dem Leben etwas Positives abzugewinnen. Des Weiteren empfehle ich Ihnen mein bewährtes Erfolgsritual.
Dieses führen Sie bitte an sieben aufeinander folgenden Mittwochen zwischen 15 und 16 Uhr oder zwischen 22 und 23 Uhr durch. Bitten Sie die große Göttin dabei um Gerechtigkeit und Erfolg. Bereiten Sie sich einen schönen Altar. Hierzu benötigen Sie eine weiße Decke, Pergamentpapier oder alternativ Butterbrotpapier, auf wel-

chem Sie Ihren Wunsch, also das, was Sie durch dieses Ritual erreichen wollen, handschriftlich niederschreiben. Besorgen Sie sich vier weiße Kerzen und eine große blaue, in welche Sie Ihren Namen ritzen. Stellen Sie die weißen Kerzen in alle vier Himmelsrichtungen in die Ecken Ihres Altars und die blaue Kerze genau in die Mitte. Stellen Sie rechts und links von der blauen Kerze auch blaue Blumen auf. Besorgen Sie sich Success Oil, Money Drawing Oil und eine Fast-Luck-Räucherung.

Falls Sie die Möglichkeit haben, besorgen Sie sich einen blauen Erfolgskobold, welchen Sie bitte mit in das Ritual einbeziehen und den Sie wie einen Talisman behandeln. Ölen Sie nun die blaue Kerze mit den entsprechenden Ölen von der Mitte nach oben und von der Mitte nach unten ein. Dann entzünden Sie die Kerze. Wichtig sind die bildhafte Vorstellung der Wünsche und die Worte, die Sie aussprechen.

Viel Erfolg!

Bei allen Ritualen, bei denen es darum geht, sich vor anderen zu schützen oder nicht übervorteilt zu werden, muss man vorher in sich gehen und zutiefst ehrlich für sich die Frage beantworten, inwieweit man selbst Schuld an einem Zwist trägt.

Wie gewinne ich meinen Prozess?

Meine Frau und ich haben uns nach zehn Jahren Ehe getrennt. Es hat leider nicht mehr funktioniert. Nächste Woche steht unser Scheidungstermin an, und wie ich von Bekannten erfahren habe, möchte sie mich regelrecht fertig machen. Das aber kann ich überhaupt nicht nachvollziehen.

Ich habe immer für uns beide gearbeitet, während Sie zu Hause geblieben ist. Ich bin nie fremdgegangen. Vielleicht hatte ich durch meine Arbeit nicht so viel Zeit für sie, wie sie wollte? Wir haben seit unserer Trennung nicht einmal telefoniert, und ich weiß nicht, was da auf mich zukommen wird. Was kann ich tun, um den Prozess zu gewinnen?

Adam R., Coburg

Thea: Fertigen Sie sich eine kleine Puppe aus blauem Wachs an – am besten an einem Freitag. Am Abend vor der Gerichtsverhandlung, sobald die Sonne untergegangen ist, legen Sie die Puppe in einen kleinen Kasten, den Sie zuvor mit blauem Samt ausgelegt haben. Bestreuen Sie nun das Püppchen freigiebig mit Safran und Crown Of Success Powder, und sprechen Sie neunmal hintereinander folgenden Spruch:

Hier liegt mein Feind, der über mich lügt,
die Lügen sind nichtig, ich bin frei,
Gerechtigkeit soll walten, im Prozess werde ich siegen.
So soll es sein, und so wird es sein!

Danach schließen Sie das Kästchen mit der Puppe und vergraben es. Viel Erfolg!

Wie wende ich Geld- und Erfolgsöle an?

Liebe Thea, immer wieder schreiben Sie von so genannten Geld- und Erfolgsölen. Was kann ich damit bezwecken, wie kann ich diese anwenden, und wo bekomme ich diese Öle?

Tristana M., Berlin

Das richtige Öl spielt bei der Durchführung von Ritualen eine große Rolle. Achten Sie also genau darauf, welches Öl Sie zu welchem Ritual verwenden.

Thea: Mit dem Geldöl (beispielsweise Money Drawing Oil) können Sie Ihren Geldbeutel einreiben, und wann immer Sie mit Geld in Berührung kommen, auch Ihre Hände. Sie können es zusätzlich täglich wie Parfum benutzen, um Geld anzuziehen. Wenn Sie Geld ausgeben, besonders große Scheine, betupfen Sie die Ecken mit diesem magischen Öl, um symbolisch auszudrücken, dass der Geldschein wieder zu Ihnen zurückkommt. Sie können auch donnerstags zu den Jupiterstunden (siehe Regententabelle Seite 119) eine grüne Kerze entzünden. Unter diese Kerze legen Sie den größten Geldschein, den Sie im Hause haben, und reiben die Kerze mit Ihrem Geldöl ein. Lassen Sie sie ca. eine Stunde brennen, und visualisieren Sie immer wieder, wie viel Geld auf Sie zukommt. Am besten, Sie sehen ständig vor Ihrem inneren Auge einen Scheck mit Ihrem gewünschten Betrag oder wie viele Geldscheine auf Sie niederprasseln.
Auch das Erfolgsöl können Sie täglich wie Parfum benutzen, um beispielsweise Erfolg anzuziehen oder ganz besonders, wenn Sie zu einem Bewerbungsgespräch oder zu einer wichtigen Geschäftsbesprechung gehen.
Sie können auch mittwochs zur Merkurstunde (siehe Regententabelle Seite 119) eine blaue Kerze entzünden. Unter diese Kerze legen Sie ein Blatt Papier mit Ihrem Wunsch (bei einem wichtigen Gerichtstermin können Sie beispielsweise die entsprechenden Unterlagen darunter legen). Reiben Sie die Kerze von der Mitte nach unten und von der Mitte nach oben mit etwas Erfolgsöl ein. Lassen

Sie die Kerze ca. eine Stunde brennen, und visualisieren Sie, dass Sie alles erreicht haben, was Sie sich wünschen. Die magischen Öle erhalten Sie über die Bezugsquelle am Ende dieses Buches oder in einem der mittlerweile zahlreichen Hexenshops.

G wie göttliche Schutz- und Heilungsrituale

Schutz beim Autofahren

Bei Schutzritualen kommen meistens Gegenstände zur Anwendung, die zuvor positiv aufgeladen wurden. In diesem Zusammenhang bekannt sind Amulette und Talismane.

Ich bin aus beruflichen Gründen sehr viel mit dem Auto unterwegs und denke natürlich immer wieder daran, was so alles passieren kann. Da ich viel im Stau stehe, habe ich auch oft genug Gelegenheit dazu. Oft ist man leider selbst gar nicht schuld, meist liegt es auch an dem Unvermögen oder der Überschätzung anderer. Was kann ich tun, damit ich mir keine Sorgen machen muss und sicher und behütet wieder zu Hause ankomme.

Peter I., Coburg

Thea: Außer den bekannten und bewährten Maßnahmen gibt es noch ein paar magische Hilfsmittel, die Schutz gewähren. Zunächst einmal das bekannteste: Legen oder hängen Sie sich ein Bild vom heiligen Christophorus, dem Schutzpatron der Reisenden, in Ihr Auto. Zusätzlich können Sie ein Säckchen mit schwarzen Pfefferkörnern hineinlegen, denn Pfeffer hat eine sehr starke Schutzwirkung. Außerdem möchte ich Ihnen noch mein Protection Oil empfehlen. Es wird wie Parfum aufgetragen und schützt vor schlechten Außeneinflüssen.

Millionen von Menschen bewegen sich täglich auf unseren Straßen und sind damit vielen gefährlichen Situationen ausgesetzt.

Schutz vor Magie

In letzter Zeit läuft bei mir alles schief. Außerdem habe ich das Gefühl, dass mein Nachbar schwarzmagische Angriffe gegen mich führt. Ich fühle mich in letzter Zeit sehr oft schwach und ausgelaugt, habe sehr starke Kopfschmerzen und Konzentrationsschwierigkeiten. Was kann ich tun, um mich gegen ihn zu wehren?

Annabelle G., Aachen

Thea: Es erreichen mich sehr oft Briefe und Anrufe mit dem gleichen Inhalt. Menschen fühlen sich von negativen Energien angegriffen und trauen anderen Menschen zu, dass diese sie mit schwarzmagischen Mitteln bekämpfen und vernichten wollen. In manchen Fällen mag dies zutreffen, und dann muss man auch massiv etwas dagegen unternehmen. Aber sehr häufig haben diese Menschen, die derartige Angriffe unterstellen, Probleme mit der eigenen Person. Sie sollten also zunächst darüber nachdenken, ob Sie vielleicht bereits in Ihrer Kindheit, z. B. von Ihrer Mutter dominiert wurden und stets nach dem Willen anderer leben mussten. Vielleicht schaffen Sie es einfach nicht, Ihr Leben selbst zu bestimmen – oft aus unbewussten, tief verwurzelten Gründen. Oder Sie sind unzufrieden, weil Sie selbst nichts daran ändern.

Suchen Sie zunächst die Ursachen für Ihre Vermutungen bei sich selbst. Stellen Sie sich selbst und Ihre Familie ins Licht, und visualisieren Sie das Bild, das wie eine schützende Glasglocke alle schlechten Energien von Ihnen abhält. Nehmen Sie ein Essigbad mit einem Liter Apfelessig, und spülen Sie auch Ihre Haare damit ab. Das vertreibt alles Negative. Reinigen Sie Ihr Zuhause mit Putzwasser, in das Sie einen Liter Basilikumsud geben (zwei Esslöffel Basilikum in einem Liter Wasser ca. zehn Minuten kochen und dann abgießen). Auch ätherisches Eisenkrautöl in der Duftlampe reinigt die Atmosphäre. Wenn das nicht hilft, sollten Sie sich an eine initiierte Hexe oder Magierin Ihres Vertrauens wenden, die die schwarzmagischen Einflüsse und Energiequellen entdeckt und mit sinnvollen magischen Mitteln zum Positiven ausrichten kann.

Bevor man sich gegen schwarzmagische Angriffe wehrt, ist es wichtig zu wissen, ob es auch welche sind. Solange das nur eine Vermutung ist, sollte man vorsichtig mit solchen Behauptungen sein, um dadurch nicht selbst zu Schaden zu kommen.

Schutz und Kraft für Ihre Hülle

Viele Rituale sind darauf ausgerichtet, sich gegen etwas oder jemanden zu schützen. Zuerst sollte man sich selbst kräftig fühlen.

Das folgende Rezept eignet sich hervorragend, um sich vor negativen Einflüssen zu schützen. Alleine ist es fast wirkungslos, aber in Verbindung mit einem Schutzritual werden Sie seine gewaltige Kraft und deren Folgen spüren.

Nehmen Sie eine Schüssel, und geben Sie etwas Jodsalz hinzu. Überlassen Sie das Ganze in einer Vollmondnacht den Energien der Mondgöttin. Stellen Sie die Schüssel dazu am besten auf den Balkon oder in den Garten. Legen Sie auch einen schwarzen Turmalin in die Schüssel. Am nächsten Morgen ist das Wasser energetisch aufgeladen. Sammeln Sie nun Ihre Kleidungsstücke, die Sie waschen möchten, und stecken Sie in eines der Kleidungsstücke den schwarzen Turmalin.

Geben Sie in den Bereich, in den normalerweise das Waschpulver hineinkommt, zunächst etwas von Ihrem vorbereiteten Mondwasser hinzu. Anschließend können Sie das Waschpulver hinzufügen. Nun wirkt bereits Ihre Kleidung wie ein Schutzmantel gegen negative Einflüsse und schützt Ihren Körper, Geist und Seele vor Beeinflussungen. Vergessen Sie nicht, den schwarzen Turmalin wieder herauszunehmen. Tragen Sie ihn immer dann bei sich, wenn Sie das Gefühl haben, dass Sie Schutz benötigen. Ab und zu reinigen und neu aufladen, und Sie sind bestens gerüstet!

Edelsteine und ihre magischen Heilkräfte

Von Edelsteinen geht ein ganz besonderer Zauber aus. Sicher sammeln auch Sie schöne Steine. Ob Edelsteine, Halbedelsteine, Kristalle oder einfach Steine, die eine ganz besondere Form haben und die Ihnen auf einem Spaziergang vor die Füße gerollt sind.

Vermutlich wissen Sie auch, dass man seine Steine nicht nur bewundern oder anfassen kann. Sie können sie in Wasser legen und durch Sonnen- oder Mondlicht energetisch aufladen und dieses aufgeladene Edelsteinwasser vielfältig verwenden.

Sie können auch in ganz besonderen Kontakt zu Ihren Steinen treten. Davon jedoch später noch mehr.
Wie bei den Pflanzen werden auch Edelsteine oder Kristalle spezifisch ausgewählt, um bei bestimmten Beschwerden zu helfen.
Ganz allgemein gilt:

- Rote und orangefarbene Steine verbessern Ihre Gesundheit und das allgemeine Wohlbefinden.
- Gelbe Steine verleihen Ihnen Power und Kraft.
- Dunkelblaue und violette Steine helfen Ihnen bei Ihrer geistigen und spirituellen Entwicklung.
- Grüne und blaue Steine wirken ausgleichend, lindernd und beruhigend. Sie fördern das Wachstum kreativer Ideen und helfen, die Gesundheit zu erhalten.
- Schwarze Steine geben Ihnen Schutz (ausgenommen Onyx).
- Weiße Steine wirken reinigend auf allen Ebenen.

Edelsteinen wird seit jeher eine heilende Wirkung zugesprochen. Dabei ist nicht nur ihre Zusammensetzung relevant, sondern auch die Farbe hat ihren Einfluss auf ein wirkungsvolles Ergebnis.

Sonnen- und Mondwasser

Sie können mit Edelsteinen Sonnen- oder Mondwasser herstellen, wobei die spezifische Energie dieser beiden Himmelskörper die Wirkung der Edelsteine noch verstärkt. Sie legen den jeweiligen Stein in Wasser und laden dieses mit der Energie des Sonnengottes oder der Mondgöttin auf.
Ein solches Wasser können Sie entweder trinken, für die Zubereitung von Suppen und Saucen verwenden, in Ihr Badewasser geben, Ihre Haare damit bei der Wäsche als letzten Gang spülen oder als Gesichtswasser nach der Reinigung benutzen.
Unsere Edelsteine sind deshalb etwas Besonderes. Sie sind nicht nur schön anzusehen, sondern in ihnen schlummern auch kosmisch gebundene Kräfte. Der Glaube an die Magie der Steine ist so alt wie die Menschheit selbst.

Bedeutung und Heilkraft der Edelsteine

Amazonit

Dieser Stein ist gut für schwangere Frauen. Er löst Spannungen im Rücken und Nackenbereich. Bei Depressionen hilft er durch positiven Einfluss.

Amethyst

Der Amethyst wirkt gegen Migräne, Kopfweh und Verspannung, verursacht durch Stress. Er stärkt Drüsen und Hormone und regt den Stoffwechsel an. Er bewahrt vor Schlaflosigkeit, Angst, Unruhe und Alpträumen und ist besonders gut für Meditationen geeignet.

Aquamarin

Edelsteine stärken und kommen bei Krankheiten zum Einsatz. Selbstverständlich wirken sie nicht auf die Art und Weise wie Medikamente, doch wird ihnen eine nachweislich heilende Wirkung zugesprochen.

Der Aquamarin ist ein Stein, der speziell bei Atemwegsproblemen wie Bronchitis, Beschwerden der Lungen und des Halsbereichs, der Stimmbänder und des Kehlkopfes hilft. Er stärkt das Immunsystem und die Thymusdrüse. Er hilft Allergikern bei deren Beschwerden, allgemein bei tränenden Augen und Störungen des Nervensystems.

Aventurin

Speziell bei Hautunreinheiten wie Akne oder Schuppenbefall eignet sich der Aventurin besonders gut. Durch seine sanfte Schwingung kann er im Bereich des Herzens und des gesamten Nervensystems eingesetzt werden.

Bergkristall

Er hilft dem Körper bei Schilddrüsenerkrankungen und bei Augenproblemen, Rücken- sowie Bandscheibenproblemen. Zusammen mit dem Bernstein gilt er in der Magie, neben dem schwarzen Turmalin, als der absolute Schutzstein, der Negatives abhält und hilft, Gelerntes besser zu behalten.

Citrin

Er hilft bei Depressionen und düsteren Gedanken und verhilft, neue, klare Gedanken und Wege zu schöpfen.

Gogal (Jett)

Der Gogal wirkt bei Schmerzen und Entzündungen der Gelenke, bei Arthritis, Rheuma und deren Begleiterscheinungen sowie bei Atem-

Mineralien und Edelsteine sind nützliche und wirkungsvolle Helfer in vielen Bereichen der Heilmagie.

wegsproblemen und Bronchitis. Die Psyche unterstützt dieser Stein ebenfalls sehr gut. Er hilft bei Trauer und macht Mut, über diese schwere Zeit hinwegzukommen, und dient als besonderer Talisman.

Heliotrop

Der Heliotrop ist der Schutzstein der Reisenden. Er bewahrt seinen Träger vor Unfällen und vor Alpträumen und stärkt den Intellekt.

Heilsteine können auch negative Energie aufnehmen. Aus diesem Grund sollten sie regelmäßig gereinigt und mit neuer Energie geladen werden.

Howlith

Der Howlith wirkt wie ein Magnet auf den Körper. Er hilft Ihnen, Ihren Körper von überschüssiger Flüssigkeit zu befreien, und unterstützt Sie bei Diäten. Besonders geeignet ist dieser Stein für jähzornige und aufbrausende Menschen, da er beruhigend auf seinen Träger wirkt. Bei Gerichtsprozessen z. B. wirkt der Stein entsprechend.

Roter Jaspis

Der rote Jaspis wird auch gerne als »Mutter der Steine« bezeichnet. Er übermittelt Ihnen Weisheit, elementare Kraft und geduldige Liebe. Wenn Sie den Stein auf Ihr Wurzelchakra (es befindet sich zwischen Wirbelsäulenbasis und Geschlechtsteil) legen, wirkt er beruhigend, schützend und vitalisierend. Er gibt verlorene Lebenskraft wieder zurück und wirkt besonders auf Leber, Gallenblase und Haut.

Karneol

Der Karneol ist ideal bei Beschwerden im Unterleib. Er hilft, Giftstoffe aus dem Körper auszuscheiden, und entlastet Nieren, Leber- und Gallenbereich. Verdauungsproblemen sowie Problemen mit dem Darm wirkt er unterstützend entgegen. Auch hilft er bei Depressionen.

Lapislazuli

Wie in der Naturmedizin üblich, behandeln Heilsteine nicht die Symptome, sondern sie wirken auf den gesamten Menschen, auf Körper, Geist und Seele.

Heilsam wirkt der Lapislazuli bei Insektenstichen und Hautausschlägen. Er hat eine beruhigende, krampflösende und fiebersenkende Wirkung.

Malachit

Er hilft, Klarheit über unseren Geist, unsere Seele und unseren Körper zu verschaffen. Der Malachit lehrt, Eigenverantwortung für unser Tun und unser Leben zu entwickeln. Er hilft auch, verborgene Ängste und Sorgen aus dem Unterbewussten zu beseitigen.

Rauchquarz

Der Rauchquarz wirkt auf den Unterleib und die Geschlechtsorgane. Er steigert die Fruchtbarkeit und stärkt das Herz und die Nieren.

Rosenquarz

Dieser Stein stärkt Herz, Kreislauf und Blutgefäße. Der Rosenquarz verhilft zu Fruchtbarkeit und wirkt Geschlechtskrankheiten entgegen. Bei Frauen wirkt er positiv auf die Eierstöcke, bei Männern auf den Hoden. Er hilft, offene Wunden zu heilen, und unterstützt die Blutreinigung.

Rubin

Der Rubin stärkt die Sehkraft und hilft bei Schwächeanfällen. Auch bei Depressionen und Gemütsschwankungen wird der Stein erfolgreich eingesetzt.

Saphir

Der Saphir ist gut bei Nervosität, Gemütserkrankungen und bei Schwitzen. Er mindert Haarausfall und regeneriert Haut, Haar und Nägel.

Sugalith

Dieser Stein regt den Energiezufluss des Körpers an und hilft, das Sprachzentrum zu aktivieren. Er wirkt reinigend auf Drüsen, Galle und Leber.

Bei der Wahl eines Edelsteines kommen häufig das Sternzeichen, eine bestimmte Krankheit oder auch einfach nur der persönliche Geschmack zum Tragen.

Türkis

Der Türkis ist gut bei einer mangelnden Funktion der Leber. Er stärkt die Augen, lindert Halsentzündungen und beseitigt kleinere Probleme der Atemwege. Er hilft bei Depressionen und kräftigt das Herz.
Bei Bänder- oder Sehnenrissen sorgt er für eine bessere Durchblutung des Muskelgewebes. Sollte der Stein einmal zerspringen oder zerbrechen, sollten Sie ihn Mutter Erde wieder zurückgeben, denn er hat seine ganze Kraft für Sie hergegeben.

Edelsteine magisch nutzen

Wenn Sie Ihren persönlichen magischen Stein gefunden haben und intensiv nutzen wollen, sollten Sie unbedingt ein Aufladungsritual (siehe Seite 21ff.) durchführen, damit der Stein frei von fremden Energien ist und seine Heilkraft voll entfalten kann. Sie sollten dieses Ritual auch von Zeit zu Zeit wiederholen, um die Energien wieder in Fluss zu bringen. Auch sollten Sie nicht vergessen, ihn regelmäßig zu reinigen und mit neuen Energien aufzuladen.
Mit Steinen können Sie Ihr Immunsystem stärken und sich vor den krank machenden Belastungen des Alltags schützen. Es gibt ausführliche Literatur zur Anwendung von Kristallen bei magischen Arbeiten oder unterschiedlichen Erkrankungen. Vielleicht entdecken Sie ja damit eine neue und natürliche Möglichkeit, Magie und schulmedizinische Behandlungen zu unterstützen.

Massage und Auflegen von Edelsteinen

Wenn Sie Ihre Massagen (entweder Selbstmassagen oder auch Massagen, die Sie Ihrem Partner, Ihren Kindern oder Freunden zukommen lassen) oder Meditationen noch heilender gestalten möchten, so können Sie die Heilkraft der Steine mit einbeziehen.
Natürlich brauchen Sie für eine Ganzkörpermassage Hilfe, aber Ihr Gesicht, Ihre Hände und Füße können Sie entspannt auch selbst behandeln. Für Ihre Gesichtspflege bietet es sich außerdem an, einen kleinen Edelstein in Ihr Cremetöpfchen zu legen.

Farben, Licht und Steine strahlen Energie aus. In den Chakren als den Energieknotenpunkten wird diese sichtbar.

Für die Hand- und Fußmassage gleiten Sie ganz sanft über die Haut und führen den Stein über Handinnenfläche und -rücken, Fußsohle und -spann.
Wenn Sie den Körper Ihres Partners mit Kristallen massieren möchten, so fangen Sie, wie bei einer Bürstenmassage, bei den Füßen an und streichen Sie in sanften Aufwärtsbewegungen in Richtung Herz. Ihr Partner wird entspannt und ruhig auf diese Massage reagieren.
Beim Auflegen von Edelsteinen und Kristallen können Sie auch entweder sich selbst oder eine andere Person behandeln. Wählen Sie für die Beschwerden, die Sie lindern möchten, den passenden Stein, und legen Sie diesen auf die betroffene Stelle.
Übrigens: Sie sollten vor allen Sitzungen stets dafür sorgen, dass der Raum, in dem Sie sich befinden, sauber, warm und ruhig ist. Sie können ein Räucherstäbchen entzünden und im Hintergrund eine leise Meditationsmusik laufen lassen. Achten Sie darauf, die verwendeten Steine zu reinigen und neu aufzuladen.
Während der Behandlung ist es besonders beruhigend, eine oder beide Hände auf das Sonnengeflecht zu legen.
Eine besondere Wohltat ist es auch, die entsprechenden Steine auf die einzelnen Chakras des Körpers zu legen. Lassen Sie Ihre Aufmerksamkeit ganz bewusst vom Wurzelchakra hoch zum Scheitelchakra wandern. Wenn Sie im Sitzen oder Liegen meditieren, können Sie in jeder Hand einen Heilstein halten. Oder Sie legen den ausgesuchten Stein auf Ihr Drittes Auge in der Mitte der Augenbrauen, während Sie mit geschlossenen Augen meditieren. Gehen Sie bei der Auswahl des Steins intuitiv vor. Vertrauen Sie Ihrer sensiblen Wahrnehmung, und achten Sie auf die ganz eigenen Schwingungen, die jeder Stein besitzt. Vergessen Sie auch nicht, dass bei der Auswahl außer der Form ebenso die Farbe einen starken Einfluss ausübt.

H wie Haus und Hof

Gesundheit auch für Ihre Pflanzen

Wussten Sie, dass der Moosachat den berühmten grünen Daumen verleihen soll? Auf jeden Fall profitieren alle Pflanzen davon, wenn in der Gießkanne stets ein Bergkristall das Wasser mit seiner ganz speziellen Energie auflädt. Vergessen Sie aber nicht, diesen Stein regelmäßig zu reinigen und wieder aufzuladen. Sprechen Sie auch mit Ihren Pflanzen, dies wirkt wahre Wunder. Pflanzen lieben auch klassische Musik und sind vollends glücklich, wenn Sie sich ihnen zuwenden. Sie werden es Ihnen danken und Sie mit üppigem Wachstum und einer wunderbaren Blütenpracht bereichern.

Es gibt verschiedene Möglichkeiten, den Wohnraum zu reinigen. Gerne werden im Frühjahr Räucherungen vorgenommen, um Räume wieder mit neuer, positiver Energie zu füllen.

Magisches Space-Clearing-Ritual

Mit diesem Ritual laden Sie Ihre Räume zu Hause energetisch auf und unterziehen sie einer spirituellen Reinigung. Bevor Sie aber damit beginnen, sollten Sie sich zunächst selbst gründlich reinigen. Beginnen Sie diesen Tag der Reinigung am besten mit einem Obst- oder Reistag. Visualisieren Sie dabei, wie alle Giftstoffe aus Ihrem Körper verschwinden, und trinken Sie währenddessen so viel Wasser wie möglich. Nehmen Sie ein Bad mit etwas Meersalz, und ziehen Sie frische Kleidung an.

Räucherrituale befreien Räume von negativen Energien und ermöglichen so einen energetischen Neubeginn.

Feuerreinigung

Für die Reinigung besorgen Sie sich etwas Salbei, Räucherkohle und Sandelholzräucherstäbchen. Bitten Sie den Geist des Feuers, Ihnen bei der Reinigung der Räume zu helfen. Entzünden Sie nun die Räucherkohle, und geben Sie etwas Salbei darauf.

Gehen Sie die einzelnen Räume Ihrer Wohnung oder Ihres Hauses ab, und leiten Sie den klärenden Rauch mittels einer Feder oder eines Fächers vor allem in Ecken und Bereichen, die nur sehr schwer zugänglich sind und sich dunkel und stagnierend anfühlen. Visualisieren Sie dabei Ihre Wünsche und Gedanken. Diese Art der Raumklärung hat eine lange Tradition und ist sehr kraftvoll. Gehen Sie anschließend nochmals alle Räume mit dem entzündeten Sandelholzstäbchen ab.

Bevor Sie nun die gereinigten Räume aufladen, visualisieren Sie, was Sie erreichen möchten. Bereiten Sie dann eine Räucherung aus Lavendel vor, und gehen Sie wieder von Zimmer zu Zimmer, stets auf die Wünsche und Gedanken konzentriert, die Sie mit der Aufladung verbinden. Anschließend beenden Sie das Ritual mit einer Danksagung.

Reinigungen sollten regelmäßig durchgeführt werden. Ein guter Zeitpunkt für solche Rituale sind die Übergänge von einer Jahreszeit zur nächsten.

Wasserreinigung

Alternativ dazu können Sie, anstatt des Räucherrituals, auch ein Wasserritual durchführen. Dabei versprühen Sie mit Hilfe einer Sprühflasche etwas Wasser, dem Sie Meersalz hinzugefügt haben. Geben Sie auch noch ein paar Tropfen des ätherischen Öles Salbei und Lavendel in das Wasser.

Immer wenn Sie das Gefühl haben, Ihre Räume energetisch und spirituell zu reinigen und mit neuen Kräften zu versorgen, empfehle ich Ihnen, das Ritual mit Hilfe von Wasser durchzuführen. Achten Sie darauf, dass die ätherischen Öle speziell an Ihre Bedürfnisse angepasst werden.

Kräuterritual zur Wunscherfüllung

Wenn Sie sich etwas ganz Besonderes wünschen, empfehle ich Ihnen das Kräuterritual der Wunscherfüllung. Es gibt eine umfangreiche Literatur, die Sie bei der Suche nach dem richtigen Kraut unterstützen kann. Wenn Sie das für Ihren Wunsch passende Kraut gefunden haben, versuchen Sie, die entsprechende Pflanze frisch

vom Wochenmarkt zu bekommen oder sogar direkt aus dem Wald bei einem kleinen Waldspaziergang zu ernten. Achten Sie aber bitte darauf, ob die Pflanze unter Naturschutz steht.
Haben Sie die Pflanze erhalten, so betrachten Sie das Ganze in Ruhe zu Hause. Ist sie Ihnen bekannt? Wie riecht sie? Warum ist es gerade diese Pflanze, für die Sie sich entschieden haben? Was ist das Besondere an ihr? Denken Sie immer daran: Als Hexe sollten Sie stets im Einklang mit der Natur und Umwelt leben. Nehmen Sie sich daher viel Zeit bei der Erkundung dieser Pflanze, und versuchen Sie, sich telepathisch mit ihr zu verbinden. Viele offene Fragen werden dadurch verständlicher!

Für das eigentliche Ritual besorgen Sie sich ein Stück Baumwolle oder ein Seidentuch. Nehmen Sie die Farbe

- Rot bei Liebeswünschen
- Grün bei Geldangelegenheiten
- Blau für Glück und Erfolg
- Schwarz für Schutz
- Weiß für Gesundheit, Harmonie und Frieden
- Violett für Spiritualität und geistige Weiterentwicklung.

Versuchen Sie, Ihren Wunsch in Worte zu fassen, und schreiben Sie diesen mit einem blauen Füllfederhalter auf ein weißes Stück Papier.
Entzünden Sie nun ein Stück Räucherkohle, und legen Sie, wenn die Kohle durchgeglüht ist, die entsprechenden Kräuter darauf. Blicken Sie währenddessen in den dabei entstehenden Rauch, und schließen Sie Ihre Augen. Lassen Sie Ihre Gedanken frei ziehen, und visualisieren Sie dann das Endziel Ihres Wunsches.
Öffnen Sie nach einigen Minuten Ihre Augen wieder, und legen Sie den Zettel ebenfalls vorsichtig auf die Räucherkohle. Nach einiger Zeit befindet sich nur noch Asche in Ihrem Räucherkesselchen. Wenn diese abgekühlt ist, geben Sie diese auf das Baumwoll- bzw.

Pflanzen sprechen ihre eigene Sprache. Sich bewusst den Pflanzen zuzuwenden und mit ihnen zu kommunizieren bringt ein Gefühl von tiefer Verbundenheit mit der Natur.

Seidentuch und verschnüren dieses mit einem farblich passenden Band oder einer Kordel zu einem kleinen Beutel. Tragen Sie diesen Beutel mit Ihren Wünschen so lange bei sich, bis dieser in Erfüllung gegangen ist. Nach erfolgreichem Eintreffen Ihres Wunsches vergraben Sie den Beutel unter einem Apfelbaum.

Wie werde ich Ackerwinden los?

Bevor man Unkraut mit Chemie ausrottet, helfen die vielen guten Tipps, die unsere Großeltern noch wussten und die in einschlägiger Literatur zu finden sind.

Im Frühjahr dieses Jahres war ich einige Zeit im Krankenhaus und konnte mich nicht um meinen Garten kümmern. Jetzt ist die ganze Erde voll mit Ackerwinden, und ich habe das Gefühl, sie werden immer mehr. Was kann ich tun, um sie wieder loszuwerden?

Jörg B., Annaberg

Thea: Diese Ackerwinden kann man nur sehr schlecht vollständig ausreißen, und es ist sehr ungesund für die Erde, sie mit Gift zu behandeln. Pflanzen Sie in jede Ecke Ihres Gartens einen Haselnussstrauch, das schützt gegen unliebsame Eindringlinge – auch gegen Ackerwinden.

Zusätzlich stellen Sie an den Plätzen, an denen besonders viele wachsen, abends Windlichter auf und bitten die Göttinnen der Erde und der Fruchtbarkeit (beispielsweise die Göttin Ceres oder die Göttin Juno), dieses Unkraut wieder zu vernichten.

Oftmals kein gern gesehener Gast im Garten: Ackerwinden wuchern stark, aber ihnen kann durchaus Einhalt geboten werden.

Volksweisheiten für Schutz von Haus und Hof

Schutzmittel beim Hausbau

Münzen werden als Opfer eingemauert. Man wickelt ein Geldstück und ein wächsernes Wetterkreuz in einen gedruckten Segen und bewahrt dies im vorderen Teil des Firstbalkens auf.

Schutzmittel für das Vieh

Man vergräbt im Stall Tierfiguren, geweihte Gegenstände oder magische Steine. Außerdem wird am Eingang ein Kreuz von Schutzkräutern über die Stalltüre gehängt. Dieses besteht aus Johanniskraut, Thymian, Kamille, Dill, Fenchel und Kümmel. Für Schutzräucherungen verwendet man Wacholder bzw. Weihrauch.

Vor allem Hochzeitsrituale sind beliebte und oft nachgefragte Rituale. Diese Rituale werden für das Paar zu einem unvergesslichen Erlebnis und steigern den Wert der Verbindung.

Schutzmittel für die Familie

Das abgeschabte Rotpulver des Blutsteins (Hämatit) stillt blutende Wunden. Der Achat, in Teig eingedreht und auf die Augen gelegt, hilft gegen Augenstar. Zugeschliffene Lochsteine sind gut für Atemnot. Gegen die Beschwerden beim Zahnen des Kindes soll eine Kette aus Zahnperlen (Fruchtsamen oder Pfingstrose) um den Hals helfen. Abwehrmittel gegen den bösen Blick ist die Feige.

H wie Hochzeitsrituale

Keltische Zeremonien

Immer wieder erreichen mich Zuschriften von Lesern, die abseits der christlichen Religion nach den alten keltischen Traditionen getraut werden wollen. Ich selbst führe diese Zeremonien sehr gerne durch, da ich daran glaube, auf diese Weise einer Ehe eine gute Grundlage mitgeben zu können. Wenn man sich das Versprechen fürs Leben gibt, dann sollte man genau darüber nachdenken, was man verspricht, und dies in aller Ernsthaftigkeit in einem feierlich-mystischen Rahmen tun.

In einer keltischen Trauungszeremonie ist das alles geboten. Es gibt in Deutschland einige initiierte Hexen, die noch wissen, wie eine mystische Hochzeit zelebriert wird. Die Feier sollte immer unter freiem Himmel stattfinden und möglichst an einem Kraftort, einem Tempel der Natur.

Das Paar erhält dabei den Segen der großen Göttin und genießt von da an ihren Schutz. Zur Hochzeit sollte das Paar ganz in Weiß erscheinen, die Gäste in Schwarz oder Rot. Jeder Gast muss einen Blumenstrauß mitbringen. Während der Zeremonie, die ich hier nicht in allen Einzelheiten schildern kann, tauscht das Hochzeitspaar auch Blut aus, indem beiden ein wenig in den Zeigefinger geritzt wird und die Finger dann aufeinander gepresst werden. Natürlich gehört auch zu diesem Eheversprechen die laut und deutlich ausgesprochene Formel: »Ja, ich will!«
Historiker gehen davon aus, dass die christliche Kirche, die erst Mitte des ersten Jahrtausends unserer Zeitrechnung damit angefangen hat, Trauungen durchzuführen, einen Großteil des Rituals aus den älteren mythologischen Traditionen übernommen hat. Heute finden viele Paare wieder zu diesen alten Bräuchen zurück und ziehen ein solches Trauungsritual einer christlichen Heirat vor.

Auch hier gilt wie bei jedem Ritual, dass man sich zuvor gut überlegen muss, was man wirklich will. Die magische Wirkung eines Rituals ist nicht zu unterschätzen.

Partnerschaftsritual

Wenn Sie Ihren Partner gefunden haben und sich vorstellen können, mit ihm Ihr restliches Leben zu verbringen, dann sollten Sie das folgende Ritual durchführen. Ihr Partner wird Ihnen nach dem Ritual sicher zu Füßen liegen, und ein Heiratsantrag wird schon bald auf Sie zukommen.
Führen Sie dieses Ritual an sieben aufeinander folgenden Freitagen jeweils zur Venusstunde durch.

Was Sie für dieses Ritual benötigen

zwei rotfarbene Kerzen und Teelichte
einen gelben und einen roten Bindfaden
die magischen Öle Marriage und Venus
ein Stück rote Pappe
Fotos von Ihnen und Ihrem Partner
für jeden Ritualtag eine frische rote Rose

Bereiten Sie sich zunächst auf das eigentliche Ritual vor. Schneiden Sie mit Hilfe einer Schere ein Herz aus der Pappe, und kleben Sie auf die linke Seite Ihr Foto und auf die rechte Seite das Foto Ihres Partners. Schreiben Sie auf die Rückseite des Herzens Ihren

Wunsch nach fester Bindung und Partnerschaft. Schreiben Sie, wenn Sie sich trauen, auf die Vorderseite unter die beiden Fotos auch den Wunschtermin.

Nehmen Sie die beiden rotfarbenen Kerzen oder alternativ eine weibliche rote Figurenkerze und eine männliche rote Figurenkerze, und stellen Sie diese auf ein Tablett. Am besten legen Sie eine rote Decke darunter.

Ziehen Sie sich in einen abgedunkelten, ruhigen Raum zurück, und lassen Sie im Hintergrund entspannende Musik laufen oder beispielsweise Lied 4 aus meiner aktuellen Album-CD »Magic Love«.

Entzünden Sie Teelichte, und sorgen Sie für eine warme und wohlige Atmosphäre. Stellen Sie die Rose in eine Vase. Ölen Sie nun die männliche Kerze mit dem Marriage Oil und die weibliche mit dem Venus Oil ein. Wenn Sie als Mann dieses Ritual durchführen, entsprechend umgekehrt. Stellen Sie die beiden Kerzen auf das vorbereitete Herz, und entzünden Sie sie. Ganz nach Belieben können Sie auch noch eine Räucherung mit Rosenblättern entzünden.

Visualisieren Sie nun, wie Ihr Partner Ihnen einen Heiratsantrag macht, wie Sie einen Termin beim Standesamt vereinbaren und wie Sie eventuell mit einem Pfarrer darüber sprechen. Stellen Sie sich Ihre Hochzeit ruhig mit allen Einzelheiten vor: vom Büffet über das Brautkleid bis hin zum gemeinsamen Kind.

Geben Sie je einen Tropfen der beiden magischen Öle in Ihre Handfläche, und verreiben Sie diese. Streichen Sie damit auch Ihre komplette Aura von oben bis unten aus. Bleiben Sie danach ruhig noch einige Zeit sitzen, und gehen Sie alles noch einmal genau durch. Das eigentliche Ritual ist beendet.

Je genauer Sie sich Ihren Wunsch vorstellen und ihn sich lebendig vor Ihrem inneren Auge ausmalen, umso größer ist die Wahrscheinlichkeit, dass er auch so in Erfüllung gehen wird.

Der Wunsch nach einer Traumhochzeit kann durch ein Partnerschaftsritual vielleicht in Erfüllung gehen.

Lassen Sie die Rose in der Vase stehen, und stellen Sie die restlichen Ritualsachen am besten auf ein Tablett, das Sie gut vor Ihrem Partner verstecken sollten! In der Woche darauf trennen Sie dann den Blütenkopf von der Rose ab und verteilen die Blütenblätter auf dem Ritualtablett.
Gerne können Sie Ihr Herz auch noch mit Federn, Perlen und Steinchen verzieren – ganz wie es Ihnen gefällt. Wesentlich ist, je mehr Liebe Sie in dieses Ritual investieren, umso mehr werden Sie auch wieder zurückerhalten.

Wer mehr über Liebesrituale erfahren möchte, kann sich in meinem Buch »Liebeshexereien« informieren. Dort kann man anhand eines Tests herausfinden, was für ein Liebestyp man ist und was für einen Liebestyp man anzieht.

I wie Innere Zufriedenheit (siehe Seite 104)

J wie Jahreskreisrituale (siehe Seite 137)

K wie Kartenorakel (siehe Seite 80ff.)

L wie Liebes- und Harmonierituale

Ich möchte verführt werden

Schon seit mehreren Monaten bin ich in einen Mann verliebt, der in mir aber nur eine gute Freundin sieht. Wir unternehmen fast täglich etwas zusammen, aber er macht keinerlei Anstalten, mich zu verführen. Wie kann ich ihn dazu bringen, es doch einmal zu versuchen?

Miriam K., Buxtehude

Thea: Versuchen Sie es einmal damit: Sie laden ihn an einem Freitagabend zu sich nach Hause zum Essen ein. Ein gutes Abendessen kann er bestimmt nicht ausschlagen.
Dekorieren Sie den Tisch mit roten Blumen, roten Kerzen und roten Servietten. Sorgen Sie für diffuses Licht, am besten Kerzenlicht und schöne Musik. Vor dem Essen reichen Sie ihm ein Glas Champagner, in das Sie am Abend davor Ihren Lieblingsring gelegt haben. Füllen Sie am Abend davor das Glas nur halb voll mit Champagner,

legen Sie Ihren Lieblingsring hinein, und am nächsten Tag, kurz bevor Sie ihm das Glas geben, nehmen Sie den Ring wieder heraus und füllen es mit frischem Champagner auf. Sonst schmeckt es ziemlich fade.

Als Vorspeise gibt es eine Suppe mit Sellerie und Petersilie. Als Hauptgang servieren Sie Spaghetti mit einer schönen roten Tomatensauce und ein großes Angussteak dazu. Als Beilage bereiten Sie einen grünen Salat zu, ebenfalls mit Petersilie. Die Nachspeise besteht aus Mohnkuchen und einem starken Espresso. Zum Essen trinken Sie einen kräftigen Rotwein.

Häufig ist der innige Wunsch, verführt zu werden, der Anlass, selbst die Kunst der Verführung zu erlernen und magnetische Ausstrahlung zu erlangen.

Auch Ihre Kleidung ist wichtig. Achten Sie darauf, attraktive Dessous möglichst in Rot oder Schwarz zu tragen. Das sieht nicht nur toll aus, sondern wird Ihnen auch ein erotisches Körpergefühl und damit eine verführerische Ausstrahlung geben. Darüber kleiden Sie sich schwarz mit einem roten Rock. Als Parfum wählen Sie am besten das magische Cleopatra Oil, das unwiderstehlich duftet und Ihnen eine wunderbare Aura verleiht. Wenn er es jetzt noch schafft, Ihnen zu widerstehen, dann stimmt mit ihm wirklich etwas nicht.

Eine sinnliche, erotische Ausstrahlung macht Sie verführerisch und verleiht Ihnen eine Aura, der nur schwer zu widerstehen ist.

Wie verliert mein Freund seine Scheu?

Seit zwei Monaten bin ich mit einem sehr lieben Mann zusammen. Er ist der ideale Partner für mich, und ich kann mir keinen besseren vorstellen. Einen Haken hat die Sache aber leider: Er ist sehr schüchtern, und wir gehen nur selten aus dem Haus. Mein Freundeskreis ist auch sehr groß, und ich sollte mich mal wieder um diesen kümmern. Nun möchte ich meinen Freund da gerne integrieren, und das genau ist das Problem. Was kann ich tun, damit er seine Scheu verliert?

Edith J., Rastatt

Da bei vielen Problemen Ängste eine große Rolle spielen, können Rituale sehr hilfreich sein, neuen Mut zu fassen, um sich von diesen zu befreien.

Thea: Schreiben Sie Ihren Wunsch auf ein kleines Stück Pergament, und entzünden Sie am Freitag zur Venusstunde eine weiße und eine rote Kerze. Reiben Sie zu dieser Stunde das Papier mit getrockneten Lavendelblüten ein, und betupfen Sie die Ecken mit Venus Oil. Falten Sie danach den Zettel zusammen, und tragen Sie ihn in einem Medaillon mindestens sieben Wochen lang Tag und Nacht um den Hals. Danach knüllen Sie den Wunschzettel zusammen, werfen ihn in ein fließendes Gewässer, drehen sich dreimal im Kreis und spucken hinterher. Danach bitte nicht mehr umdrehen und nicht nachsehen. Viel Erfolg!

Wie bekomme ich wieder Lust auf Liebe?

Ich bin schon seit einigen Jahren sehr glücklich mit meinem Mann verheiratet, und wir haben im Großen und Ganzen auch keinerlei Probleme. Mittlerweile ist es leider so, dass ich keine große Lust mehr auf Sex mit ihm habe. Dies belastet unsere Beziehung immer mehr. Den Grund dafür kann ich mir selbst nicht erklären. An meinem Partner kann es eigentlich nicht liegen. Was kann ich tun, liebe Thea, um unsere Beziehung auch im Schlafzimmer wieder in Harmonie und Einklang zu bringen?

Waltraud M., Bremen

Thea: Es gibt ein altes und einfaches Mittel, das sich in diesen Fällen sehr bewährt hat: Überbrühen Sie zwei Teelöffel Rosmarin mit kochendem Wasser, lassen Sie diesen Sud ca. fünf Minuten lang ziehen, und seihen Sie ihn anschließend ab. Trinken Sie täglich zwei

Tassen von diesem Tee, am besten kurz vor dem Zubettgehen. Rosmarin fördert die Durchblutung und unterstützt außerdem die sexuellen Empfindungen der Frau. Wenn Sie allerdings unter niedrigem Blutdruck leiden oder schwanger sind, dürfen Sie dieses Mittel nicht verwenden!

Welche Alternativen gibt es zu Viagra?

Da ich nun nicht mehr der Jüngste bin, habe ich schon seit einiger Zeit Probleme bei der Liebe. Selbst wenn ich eigentlich erregt bin, geht einfach nichts. Da ich aber mit der Schulmedizin schlechte Erfahrungen gemacht habe, möchte ich dieses neue Wundermittel Viagra gar nicht erst ausprobieren. Kennen Sie Alternativen zu diesem Potenzmittel?

Peter S., Trier

Thea: Nehmen Sie ein Glas Rotwein (0,2 Liter), und geben Sie je eine Prise Ginsengpulver und Ingwer hinein, dazu einen halben Teelöffel Rosmarin. Lassen Sie das Ganze sieben Tage an einem dunklen Ort gut durchziehen, und sieben Sie den Wein ab. Sie können ihn aufbewahren, bis Sie ihn brauchen. Seien Sie allerdings etwas vorsichtig, wenn Sie unter Bluthochdruck leiden. Nun kann ich nichts mehr tun, als Ihnen viel Spaß zu wünschen!

Ginseng ist für seine vitalisierende Wirkung bekannt. Bevor man zu einem chemischen Präparat wie Viagra greift, sollte man es bei Potenzstörungen erst einmal mit natürlichen Mitteln probieren.

Treueritual

Ich bin mit meinem Freund nun schon einige Jahre zusammen. Vor drei Monaten musste er aus beruflichen Gründen in eine andere Stadt ziehen, und nun sehen wir uns nur noch am Wochenende. Wir verstehen uns zwar immer noch gut, doch manchmal habe ich Angst, dass er eine andere Frau kennen lernen könnte. Was kann ich tun, damit er mir treu bleibt?

Margot W., Köln

Thea: Gerne stelle ich Ihnen eines meiner Liebesrituale vor, welches Sie die sieben Nächte vor Vollmond und zum Vollmond selbst durchführen müssen, immer zwischen 22 und 24 Uhr. Fertigen Sie sich mit viel Liebe eine kleine Puppe aus Stroh. Schneiden Sie aus einem Foto Ihres Liebsten das Gesicht aus, und heften Sie es auf die

Puppe. Schreiben Sie seinen Namen auf Pergamentpapier, und heften Sie auch dieses an die Puppe. Stellen Sie sie nun auf einen Tisch in Ihrem Schlafzimmer.

Vor die Puppe legen Sie nun eine Schale oder einen Kessel mit Weihrauch. Mischen Sie in gleichen Teilen Liebesweihrauch, Fire Of Love Powder und Lorbeerblätter. Betupfen Sie die Puppe mit dem Liebesöl Can´t Stay Away. Danach entzünden Sie Ihre Räucherung und schwenken eine Gänsefeder durch den Rauch. Sprechen Sie dabei folgenden Zauberspruch:

Mein Feuer der Liebe brennt hell,
mein Liebster kommt jede Nacht,
zieht herbei meinen Liebesfluss,
er ist an mich gebunden für immer.

Es heißt übrigens: Ein Mann bleibt einer Frau treu, wenn Sie dieses Ritual regelmäßig durchführt. Probieren Sie es einmal!

Wann kommt die große Liebe?

Seit drei Jahren bin ich nun schon allein stehend und auf der Suche nach der großen Liebe. Bislang ist sie mir aber leider noch nicht über den Weg gelaufen, und ich habe die Hoffnung schon langsam aufgegeben.

Petra Z., Jüst

Thea: Es gibt ein paar schöne alte Bräuche, welche die Mädchen früher benutzten, um herauszufinden, wann ihnen die große Liebe begegnen würde. Es ist beispielsweise Brauch, einen Topf mit Wasser aufzustellen und eine Münze hineinzuwerfen. Wenn diese liegen bleibt und der Kopf nach oben zeigt, wird man noch im gleichen Jahr den richtigen Partner finden. Wenn es beim zweiten, dritten oder vierten Mal gelingt, dauert es eben noch entsprechend so viele Jahre. Ein ähnlicher Brauch besagt, wenn man einen Holzstab in einen Walnussbaum wirft und er gleich beim ersten Wurf in den Ästen hängen bleibt, heiratet man noch im gleichen Jahr.

Wer sich nach der großen Liebe sehnt, sollte einmal versuchen, seinen Traumpartner zu visualisieren, und in seiner Vorstellung schon Kontakt zu ihm aufnehmen.

Wie erobere ich meine Nachbarin?

Ich habe mich unsterblich in meine Nachbarin verliebt. Wir begegnen uns fast täglich im Treppenhaus, und neulich war ich ganz glücklich, als ich ihr mit meinem Taschentuch aushelfen konnte. Dieses Tuch hüte ich nun wie einen Schatz.
Ich bin aber leider sehr schüchtern und traue mich nicht, sie anzusprechen. Was kann ich nur tun, damit vielleicht sie den ersten Schritt tut?

Karoline V., München

Wenn Sie vorhaben, jemanden zu verführen oder an sich zu binden, dann ist es sehr hilfreich, wenn Sie einen Gegenstand von ihm besitzen. Damit lässt sich wirkungsvoller Zauber praktizieren.

Thea: Ich gratuliere, denn Sie halten mit dem Taschentuch eine sehr wichtige Trophäe in Ihren Händen. Wickeln Sie in das Tuch eine Ginsengwurzel hinein. Besorgen Sie sich esoterische Holzkohle, verbrennen Sie das Taschentuch mit der Wurzel über dieser Kohle, und sprechen Sie dabei:

Lass sie (ihren Namen)
gelüsten nach mir,
vor Sehnsucht schmachten,
wie diese Flamme immer höher sich schlägt.

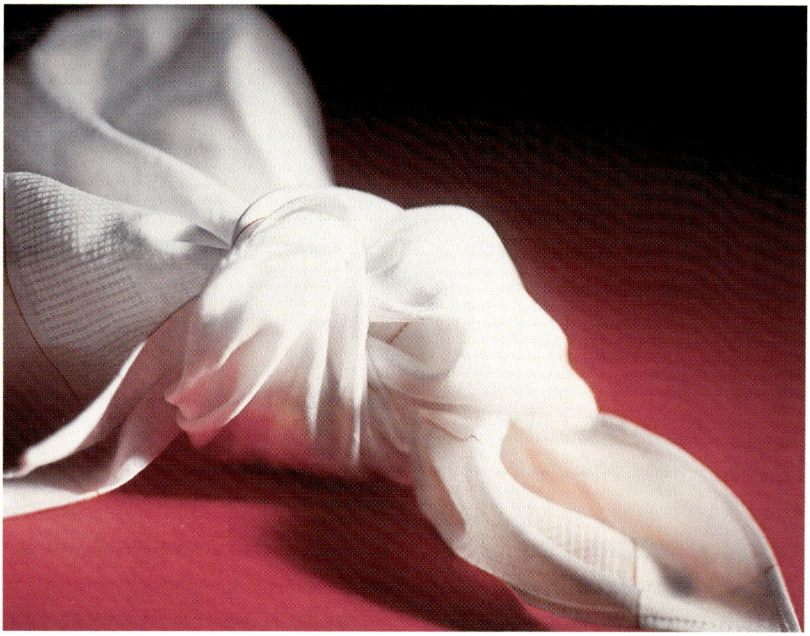

Ein persönlicher Gegenstand vom Geliebten kann ein Schatz sein, den sein Besitzer hütet wie seinen Augapfel. Doch auch für Zauberrituale ist er äußerst nützlich.

Danach gehen Sie zu einem Fluss, verstreuen die Asche darin und konzentrieren sich auf ihr Gesicht. Dabei sagen Sie folgenden Spruch:

Noch bevor der Mond sich wechselt,
wird sie die meine sein.

Dann gehen Sie nach Hause, entzünden zwei weiße Kerzen und eine rote. In die rote ritzen Sie den Namen Ihrer Herzensdame. Ölen Sie die weißen Kerzen mit Venus Oil, die rote Kerze mit Come To Me Oil ein. Entzünden Sie eine Räucherkohle, und geben Sie darauf etwas Fire Of Love Powder.

Nun schließen Sie die Augen und visualisieren eine Begegnung im Treppenhaus mit der Dame, die Sie anspricht, und wie sie beide Hand in Hand zusammen ausgehen. Dehnen Sie dieses kleine Ritual auf ca. 15 bis 20 Minuten aus.

Benützen Sie ab heute täglich Ihr Come To Me Oil wie Parfum, und warten Sie auf die nächste Begegnung mit Ihrer Nachbarin. Ich wünsche Ihnen viel Spaß und Erfolg bei diesem Ritual.

Rezept für Patchuliwein als Aphrodisiakum

Sie benötigen dafür

einen Liter guten trockenen Rotwein (würzig / mild)
50 g Patchuliblätter
etwas Honig
einen Liter Honigwein
ein bis zwei Zimtstangen und eine getrocknete Nelkenblüte

Patchuliwein ist bekannt für seine aphrodisierende Wirkung. Er sorgt für eine gute Durchblutung und stimuliert das sinnliche Empfinden.

Erhitzen Sie 3/4 Liter Honigwein und etwa 1/4 Liter Rotwein (je nach Belieben mehr oder weniger Rotwein). Stellen Sie die Kochfläche auf die kleinste Stufe, und geben Sie die Patchuliblätter hinzu. Lassen Sie alles gut durchziehen. Schmecken Sie immer wieder ab, und sieben Sie die Blätter, wenn der Patchuligeschmack angenehm erscheint, vorsichtig ab.

Geben Sie den Wein in ein offenes Gefäß, und süßen Sie ganz nach Belieben mit etwas Honig. Füllen Sie den Wein anschließend in eine Flasche. Geben Sie die Gewürznelke und die Zimtstange dazu, und verkorken Sie das Ganze. Lassen Sie den Wein über einen Zeitraum von mindestens ein bis zwei Wochen ziehen.

Liebesamulett

Seit zwei Jahren habe ich nun schon keine feste Beziehung mehr. Alle Männer, die sich zunächst für mich interessieren, suchen meist schon nach Tagen wieder das Weite. Ich weiß aber nicht, was ich falsch mache. Kann mir ein selbst gemachtes Amulett helfen, die wahre, dauerhafte Liebe anzuziehen?

Anna K., Stuttgart

Hinweise zu Aufladungsritualen von Amuletten, Talismanen und Steinen finden Sie in dem Kapitel »Allgemeine Fragen zum Thema Magie« auf Seite 21ff.

Thea: Ein Liebesamulett mit Ihrer eigenen Energie aufgeladen kann natürlich sehr gut helfen, die Liebe stärker anzuziehen. Am besten stellen Sie sich eines aus Kupfer her. Arbeiten Sie daran immer freitags zur Venusstunde (siehe Regententabelle Seite 119). Besorgen Sie sich zunächst ein Kupfermedaillon ohne Gravierungen. Stellen Sie sich zum Arbeiten in den angegebenen Stunden zwei weiße Kerzen auf den Tisch, und lassen Sie sie die ganze Zeit über brennen. Zeichnen Sie zunächst mit einem dünnen Filzstift Ihr eigenes Sternzeichen und die Zeichen von Venus und Jupiter auf die Kupferplatte. Meißeln Sie dann mit einem Gravierstift (gibt es beim Juwelier) die Zeichen ein. Wenn Sie fertig sind, können Sie das Amulett entweder so bei sich tragen, oder Sie lassen sich ein Loch für eine Kette hineinbohren und tragen es um den Hals. Wenn Ihnen ein Mann begegnet, der Ihnen gefallen könnte, nehmen Sie das Amulett in die linke Hand und befragen es im Stillen:

Ist er der Mann, der zu mir gehört?
Wenn ja, soll er sofort zu mir kommen!

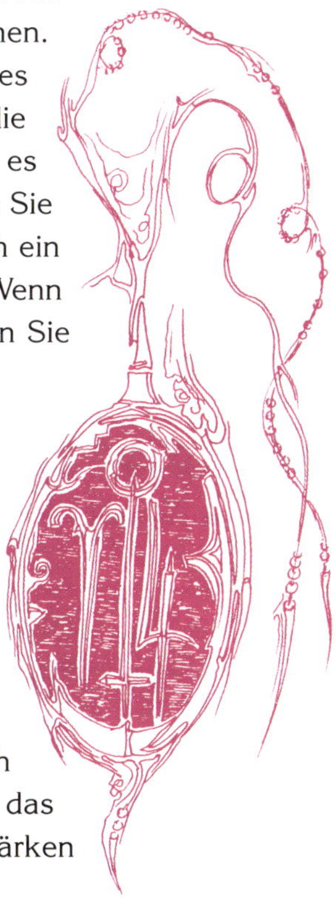

Allerdings kann das Liebesamulett auch agieren, ohne dass Sie es darum bitten, denn es wirkt auch, wenn Sie gar nicht daran denken. Vielleicht steht plötzlich jemand vor Ihnen, den Sie vorher nicht bemerkt haben, und strahlt Sie an. Dann wissen Sie, dass das Amulett seine Arbeit getan hat. Aber auch dann, wenn Sie einen Partner gefunden haben, sollten Sie das Amulett weiterhin tragen. Es wird Ihre Liebe beschützen, sie stärken und wachsen lassen.

L wie Liebeskummer

In Phasen der Loslösung, Trennung und Umorientierung wird gern das Orakel befragt. Gute Impulse gibt Ihnen in solchen Situationen das Tarot.

Ihr Partner hat Sie verlassen. Nach einer glücklichen Zeit aus heiterem Himmel, nach einer langen Phase voller Auseinandersetzungen, während der sich ihre Beziehung nach und nach aufgelöst hat oder bereits nach nur ein paar Verabredungen?

Sicher fühlt sich das, was in Ihnen vorgeht, je nach Situation, unterschiedlich an. Schockiert über das Unerwartete, Wehmut über das letztendliche Scheitern oder Verwunderung: Warum ruft er / sie nicht mehr an, es lief doch alles wunderbar?

Stets jedoch rufen Sie die Geschehnisse auf und stellen sich selbst Fragen: Was war die Ursache? Wie gehe ich jetzt mit der neuen Lebenssituation um? Was soll mir die Zukunft bringen?

Das ist alles nicht so leicht. Nagende Selbstzweifel, harte Selbstkritik, ein kaputtes Selbstbewusstsein. Als Erstes der Griff zum Telefon, um Mutter, Schwester oder beste Freundin anzurufen. Trost, Zuspruch und Aufmunterung durch andere ist jetzt wichtig. Aber vergessen Sie nicht: Sie selbst sind Ihr wichtigster Rettungsanker. Vertrauen Sie sich selbst, und Sie gehen gestärkt aus dieser Krise hervor. Es gibt so viele Möglichkeiten und Wege. Bei allem, was Sie in nächster Zeit unternehmen, kann Magie Sie stets auf vielfältige Weise unterstützen.

Die Scherben der vergangenen Liebe zu beseitigen kann schmerzlich, aber auch heilsam sein. Auf neuen, unbekannten Wegen beginnt die Reise ins Ungewisse.

Das Ritual des Erkennens

Sie sind krank vor Kummer darüber, dass er / sie Sie verlassen hat. All Ihr Sehnen gilt nur ihm / ihr. Jetzt ist der richtige Zeitpunkt gekommen, um Ihre Energien zu bündeln und zu kanalisieren, bevor Sie etwas »draußen in der Welt« unternehmen. Holen Sie sich für Ihr Ansinnen den göttlichen Beistand, wenn Zweifel an Ihnen nagen, ob er / sie überhaupt der Richtige für Sie war, oder Sie hin- und hergerissen sind? Das folgende Ritual der Erkenntnis wird Ihnen dabei helfen, den richtigen Weg einzuschlagen.
Führen Sie das Ritual am besten an einem Vollmondabend durch. Besorgen Sie sich getrockneten Beifuß und Schafgarbe, eine indigofarbene Kerze und einen Bergkristall. Nehmen Sie zunächst ein Bad, dem Sie einen Absud aus Schafgarbe hinzufügen. Entzünden Sie die Kerze, und gehen Sie mit Ihren Gedanken auf Reisen. Gehen Sie zurück an den Tag, an dem Sie ihn / sie zum ersten Mal trafen, zum ersten Rendezvouz, zum ersten Kuss, bis zu dem Moment, an dem er / sie Ihr Leben verlassen hat (zumindest vorerst).
Wenn Sie bei diesem Gedanken angekommen sind, verlassen Sie die Badewanne und begeben sich in Ihr Schlafzimmer. Nehmen Sie die Kerze mit. Entzünden Sie in einer Räucherschale eine Räucherkohle, und geben Sie etwas Beifußkraut hinzu.
Setzen Sie sich auf den Boden, und nehmen Sie den Kristall in Ihre linke Hand. Blicken Sie ganz entspannt in den Kristall, und warten Sie geduldig auf die Bilder, die in Ihnen aufsteigen. Diese werden Ihnen sagen, ob und welche Rolle er / sie in Ihrem zukünftigen Leben spielen wird. Legen Sie in den folgenden sieben Nächten jeweils etwas Beifuß und Schafgarbe unter Ihr Kopfkissen. Sie werden visionäre Träume haben, die Sie auf den richtigen Weg führen werden.

Wenn Sie zuviel grübeln, wird wertvolle Energie abgezogen. Gehen Sie entschlossen der Zukunft entgegen. Das Leben ist voller Überraschungen.

Das Ritual »Sei wieder mein«

Sie glauben, eine bzw. ein andere(r) hat ihm / ihr nur kurzfristig den Kopf verdreht? Sie wissen, dass er / sie der bzw. die Richtige ist? Sie wollen Ihre(n) Expartner(in) zurückhaben?
Besorgen Sie sich zwei honigfarbene Kerzen und eine orangene oder pfirsichfarbene Rose, einen Bernstein, ein Stück bernsteinfarbenen Stoff und eine dünne, goldene Kordel.

Mischen Sie sich einen Tee aus Minze, Verbene und Eisenkraut. Bereiten Sie Ihren Tee zu, und nehmen Sie ein früheres Geschenk von ihm / ihr oder ein Bild, falls er / sie Ihnen nichts hat zukommen lassen.

Abschied nehmen heißt trauern. Lassen Sie die Trauer ganz bewusst zu. Erst dadurch werden Sie wieder frei und sind offen für neue Begegnungen.

Den Bernstein legen Sie nun zwischen die zwei Kerzen auf das Stück Stoff. Trinken Sie Ihren selbst gemachten Tee, und entzünden Sie ein Rosenräucherstäbchen, das Sie in schwingenden Bewegungen vor Ihrem Herzen hin- und herbewegen.

Visualisieren Sie, wie er / sie wieder in Ihr Leben zurückkehrt, während Sie den Duft des Räucherstäbchens tief einatmen. Visualisieren Sie weiter, wie er / sie plötzlich anruft oder vor Ihrer Tür steht. Nun nehmen Sie den Bernstein und wickeln diesen zusammen mit dem Geschenk oder Foto in den Stoff und schnüren das Ganze mit der Kordel zu. Legen Sie das Bündel an einen intimen Ort in Ihrem Schlafzimmer, und konzentrieren Sie sich jeden Abend vor dem Zubettgehen auf ihn bzw. sie, indem Sie fünfmal seinen / ihren Namen laut aufrufen.

Das Ritual »Vertreibung aus dem Herzen«

Er bzw. sie hat gelogen und betrogen. Sie wissen, es gibt keine neue Chance mehr, dass dieser ehemalige Partner sich ändert und reumütig zurückkehrt. Er / sie hat Sie so weit gebracht zu sagen: »Partnerschaft, nein danke!« Das wäre aber ungerecht gegenüber all den Gelegenheiten, die sich in Ihrem Leben noch bieten werden. Damit Sie offen für eine neue Beziehung sein können, ist es wichtig, die alte Beziehung zunächst auch auf geistiger Ebene zu beenden.

Für dieses Ritual benötigen Sie

Salbei zum Räuchern
eine kleine schwarze Kerze
ein Bild Ihres Expartners
ein weißes Stück Papier und einen roten Stift
Bachblüte Sweet Chestnut
Räucherkessel und Räucherkohle

Warten Sie bis zum abnehmenden Mond, und nehmen Sie abends vor dem Ritual ein heißes Bad, dem Sie ein paar Tropfen der Bachblüte Sweet Chestnut (hilft bei der Loslösung von einer Person) hinzufügen. Entzünden Sie die Kerze sowie eine Räucherkohle in einem Räucherkessel, auf die Sie etwas von dem Salbei geben. Blicken Sie in die Flamme, und visualisieren Sie, wie sich Ihr Herz öffnet, Sie Ihren Expartner herausnehmen und diesen der »weiten Welt« übergeben. Sprechen Sie dabei die folgenden magischen Worte:

Hiermit vertreibe ich (Ihr Vorname)
dich (ihr/sein ganzer Name)
aus meinem Herzen, auf dass es für dich
auf immer verschlossen sein möge!

Schreiben Sie nun Ihren Vornamen auf das Papier, und sprechen Sie dabei:

Loslassen bedeutet häufig, überholte Strukturen wie Ballast abzuwerfen und neue Hoffnungen keimen zu lassen.

Befreit von (ihr/sein Name), öffne ich (Ihr Vorname)
mich für all die Liebe, die schon auf dem Weg zu mir ist.
Ich werde eine glückliche Zukunft voller Liebe
und Freude erleben!

Schreiben Sie anschließend unter Ihrem Namen:

Ich erwarte nun voller Freude den Mann/die Frau,
der/die wirklich richtig für mich ist!

Vergraben Sie nun die schwarze Kerze unter einer Pappel und das beschriebene Papier mit Ihrer positiven Affirmation unter einer alten Eiche. Sie werden sich anschließend frei und wohlig fühlen.

Das Ritual der Linderung

Die ersten Stunden und Tage nach einer Trennung sind meist die schlimmsten. Damit Sie schnell wieder auf die Beine kommen und sich einer neuen Herausforderung in Ihrem Leben stellen können, ist das folgende Ritual sehr gut geeignet!

Legen Sie zunächst einen rosafarbenen und einen grünen Kristall in einen Tonkrug, und füllen Sie diesen mit Wasser. Stellen Sie diesen Krug anschließend für ein paar Stunden in die Sonne, beispielsweise auf den Balkon, in den Garten oder auf die Terrasse.

Besorgen Sie sich einen Badezusatz, der Lavendel enthält, und lassen Sie sich ein Vollbad ein. Geben Sie den Inhalt des Kruges hinzu, und legen Sie sich in die Wanne. Bevor Sie in das Wasser steigen, nehmen Sie ein paar Tropfen der Bachblüte Rescue Remedy auf Ihre Zunge.

Lassen Sie Ihre Gedanken treiben, und spüren Sie, wie das Kristallwasser Ihr Herz reinigt und entkrampft und wie Ihr Herzzentrum sich öffnet und allen Schmerz freigibt. Bleiben Sie für etwa 30 Minuten in diesem Wasser, und geben Sie sich ganz Ihren Gedanken hin.

Nachdem Sie aus der Badewanne gestiegen sind, entzünden Sie eine rosafarbene und eine zartgrüne Kerze. Trinken Sie dazu einen Melissen- oder Kamillentee, und hören Sie im Hintergrund etwas entspannende Musik. Atmen Sie ganz bewusst Ihren Schmerz aus und ganz tief die heilenden Schwingungen der Musik ein. Sie wissen, dass dies der erste Schritt zu einem neuen, besseren Leben ist. Genießen Sie diesen Neuanfang!

Nehmen Sie sich Zeit für sich, und tun Sie sich etwas Gutes. Gehen Sie schwimmen, und bewegen Sie sich an der frischen Luft. Dann kann auch die Seele gesunden.

Das Ritual des Lebenssegens

Nach einigen Tagen des Kummers und Schmerzes werden Sie sich sicherlich besser fühlen und sind nun bereit, Ihren Neuanfang zu planen und zu gestalten. Beginnen Sie damit, indem Sie um Segen für Ihre Zukunft bitten.

Stehen Sie dazu bei Sonnenaufgang auf, und setzen Sie sich mit Blick nach Osten im Schneidersitz auf den Boden. Am besten, Sie nehmen eine bequeme Wolldecke als Unterlage.

Bereiten Sie am Abend zuvor etwas Kristallwasser zu, indem Sie in einen Tonkrug etwas Wasser geben und einen schwarzen Onyx (steht für Mut und Stärke) und einen Amethyst (symbolisiert den

Nach einer Zeit dunkler Wolken zeigt sich endlich ein Silberstreifen am Horizont. Hellere Tage beginnen nun, und das Glück kehrt zurück.

Wandel) hineinlegen. Stellen Sie den gefüllten Krug für ein paar Stunden in die Sonne. Erstellen Sie sich eine kleine Wunschliste, und gehen Sie diese vor Ihrem geistigen Auge Punkt für Punkt durch.

Visualisieren Sie dabei jeden einzelnen Wunsch. Nun können Sie sich auf Ihr Frühstück freuen. Bereiten Sie dieses aus Joghurt, Obst und Nüssen zu – vor allem Walnüsse und Cashewkerne. Trinken Sie dazu eine Tasse Tee oder Kaffee. Mittags essen Sie einen Salat mit einer Backkartoffel. Abends gönnen Sie sich ein cremiges Vanilleeis mit einer roten Fruchtgrütze und später noch ein Glas Rotwein.

Nutzen Sie die Zeit des Alleinseins, um Projekte in Angriff zu nehmen. Tun Sie das, was Sie schon immer tun wollten, aber nie die Zeit dazu fanden.

Die »Wunschliste«

Sie sind also wieder Single. Sollte Ihnen das Angst einjagen, dann überlegen Sie mal, welche Vorteile dies mit sich bringt. Sie können machen, was Sie wollen: schlafen, faulenzen, lesen, ins Fitnessstudio gehen, Freundinnen und Freunde treffen usw. Es gibt niemanden, der meckert, Sie beleidigt oder eifersüchtig ist. Genießen Sie dieses Gefühl, eine ganze Welt steht Ihnen offen!

Haben Sie darüber hinaus das Gefühl, im Chaos zu ersticken, wenn Sie sich in Ihrer Wohnung umsehen? Kein Problem. Nun ist die Zeit, um Ihr Leben wieder auf Hochglanz zu bringen. Fangen Sie bei Ihrem Zuhause an. Dies ist Ihre Zufluchtsstätte, hier tanken Sie auf und holen sich neue Kraft für das, was die Welt für Sie bereithält.

Kraft für Körper, Geist und Seele

Nehmen Sie Stift und Papier, schreiben Sie die nebenstehenden Fragen untereinander auf, und versuchen Sie, die Fragen intuitiv und ehrlich zu beantworten. Sie werden staunen, welche Lust Sie verspüren, neue Dinge anzugehen.

Beginnen Sie mit der Frage nach dem Wohnort. Wo würden Sie am liebsten wohnen? In einem Haus auf dem Land, in einer schicken Stadtwohnung? Was gefällt Ihnen am ehesten? Wo können Sie Kompromisse finden? Vielleicht können Sie es sich leisten, einmal im Monat in einem Landgasthof zu übernachten, falls Sie nicht ganz aus der Stadt wegziehen wollen bzw. können.
Wie sollte der Einrichtungsstil Ihrer Wohnung sein? Welche Farben mögen Sie? Blättern Sie doch einfach mal die verschiedensten Wohnbücher mit den einladenden Bildern in einer Buchhandlung Ihrer Nähe durch. Was lässt sich umsetzen, ganz schnell und mit möglichst wenig Aufwand? Zarte Pastellfarbe statt Blumentapete an den Wänden, Jalousien statt Gardinen – nur einige Anregungen, die Sie wieder aufatmen lassen und Ihnen Klarheit verschaffen.

Schritt 1

Gehen Sie zunächst einmal die ganzen Schränke und Regale durch, und werfen Sie das ganze Gerümpel, das Sie ohnehin nicht mehr benötigen, gnadenlos raus. Dies schafft nicht nur Platz, sondern auch Kreativität für Neues! Alles, was nicht mehr gefällt, Sie aber nicht wegwerfen wollen, packen Sie in einen Karton, den Sie am besten im Keller oder auf dem Dachboden verstauen. Misten Sie als Nächstes Schubladen und Truhen aus. Entrümpeln Sie Ihre Bücherregale, Ihre Küchenschränke, Ihr Badezimmer mit all den angefangenen und nie mehr benutzten Cremes. Zum Schluss begeben Sie sich zu Ihrem Kleiderschrank und lassen Ihr nun geschultes Auge für Gerümpel walten.
Doch was ist mit all den Dingen Ihres Expartners, wie Fotos, Geschenke, Briefe, getrocknete Rosen? Geben Sie diese Dinge zusammen in eine separate Tüte, und verschnüren Sie diese fest. Werfen Sie diese mit den Worten: »Hiermit verbanne ich dich aus meinem Leben!« in die Mülltonne, und blicken Sie nicht zurück.
Am Abend nach vollendeter Entrümpelung gönnen Sie sich beispielsweise ein Glas Sekt, das Sie am besten ganz genüsslich in der Badewanne zu sich nehmen.

Schritt 2

Nachdem Sie den ganzen überflüssigen Kram entsorgt haben, prüfen Sie nun am besten mit Hilfe eines Feng-Shui-Buchs, ob in Ihrem Schlafzimmer und in Ihrer Beziehungsecke alles so ist, wie es laut dieser alten chinesischen Kunst sein sollte. Vielleicht stellen Sie ja fest, dass eigentlich gar kein Platz für einen Partner in Ihrer Wohnung zu sein scheint?

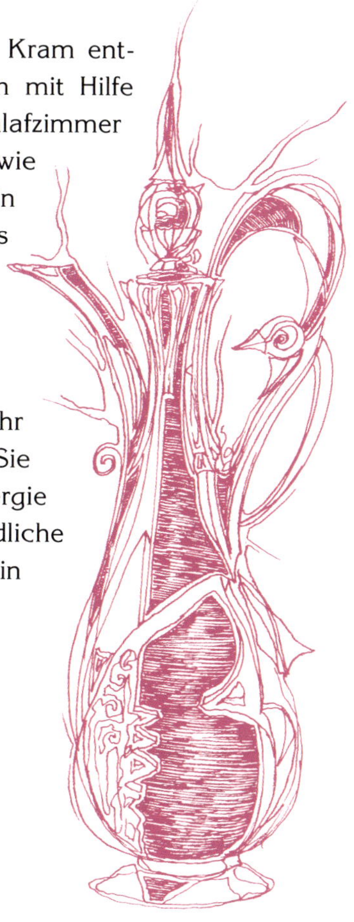

Schritt 3

Bewaffnen Sie sich nun mit allem, was Ihr Putzschränkchen hergibt, und machen Sie Schmutz, Staub und stagnierender Energie den Garaus. Verwenden Sie umweltfreundliche Reinigungsmittel, denen Sie Essig oder ein paar Tropfen ätherischer Öle beifügen, beispielsweise Teebaumöl (desinfizierend), Zitrone oder Eukalyptus. Visualisieren Sie während des Putzens, wie alte stagnierende und verstaubte Energien ebenso wie die alten und verstaubten Gefühle einfach mit weggewischt werden.

Schritt 4

Alle Menschen, die je in Ihrem Zuhause vor Ihnen gelebt haben, alles, was dort je geschehen ist, was dort jemals an Möbeln und anderen Dingen stand – all das hat energetische Spuren hinterlassen. Wenn Sie nun durch die gereinigten Räume gehen, eventuell noch mit einem Sandelholz-Räucherstäbchen, werden Sie spüren, wie leicht die neuen Energien der Hoffnung und Zuversicht fließen können.

Wenn Sie in Ihrer Wohnung oder Ihrem Haus Ordnung schaffen, dann schaffen Sie auch Ordnung in Ihrer Seele. Nehmen Sie sich ganz bewusst Zeit dafür.

M wie Mondrituale (siehe Seite 121ff.)

N wie Natur und Umwelt (siehe Seite 137ff.)

O wie Orakel und Weissagungen

Sagt mir mein Pendel die Wahrheit?

Seit einiger Zeit beschäftige ich mich mit Orakeln und habe mir ein Pendel zugelegt. Ich bin mir aber nicht sicher, ob es mir immer die Wahrheit sagt. Was kann ich tun, um es zu prüfen?

Marlene B., Heilbronn

Thea: Sie haben Recht, man muss sein Pendel ständig unter Kontrolle haben. Sie sollten sich beim Pendeln in einer ruhigen Umgebung mit Kerzenlicht und ätherischen Düften befinden. Legen Sie ein Tuch vor sich, nehmen Sie eine Münze in die Hand, schütteln Sie kräftig, und legen Sie sie vorsichtig unter das Tuch, ohne sie zu betrachten. Nun befragen Sie Ihr Pendel, ob die Zahl oben liegt. Wiederholen Sie dies einige Male. Sagt das Pendel meistens nicht die Wahrheit, sollten Sie an diesem Tag nicht pendeln, da die Energien ungünstig sind.

Achten Sie darauf, dass Ihr Pendel das richtige Gewicht hat. Ideal sind zwischen 30 und 40 Gramm. Wenn es zu leicht ist, kann es leicht zu Falschaussagen kommen.

Wie kann ich Lottozahlen auspendeln?

Ich habe schon seit einiger Zeit ein Pendel, mit dessen Hilfe ich schon viele interessante Dinge erfahren habe. Nun wollte ich neulich einmal meine Lottozahlen auspendeln, doch irgendwie hat es nicht richtig geklappt. Was muss ich tun?

Sahra T., Berlin

Thea: Gehen Sie zunächst sicher, dass Ihr Pendel Ihnen auch die Wahrheit sagt. Dies empfehle ich Ihnen sowieso generell vor jeder Arbeit mit Ihrem Pendel. Füllen Sie Ihren Lottozettel grundsätzlich immer donnerstags zur Jupiterstunde aus, und benutzen Sie etwas Big Money Oil (Hände damit einreiben und den Kugelschreiber damit betupfen). Stellen Sie sich eine Duftlampe auf, und geben Sie einige Tropfen des ätherischen Öls Bergamotte hinein. Entzünden Sie eine weiße Kerze, nehmen Sie Ihr Pendel ganz ruhig in die rechte Hand, schließen Sie die Augen, und bitten Sie die göttliche Kraft um Wahrheit bei der Befragung der Zahlen.

Sie müssen nun alle 49 Lottozahlen einzeln abfragen, z. B.: »Ist es die Eins?« Dann warten Sie in Ruhe ab, ob Ihr Pendel mit Ja oder

Nein antwortet. Antwortet es mit Ja, notieren Sie sich diese Zahl auf Ihrem Spielschein. Falls mehr als sechs Zahlen dabei herauskommen, tippen Sie selbstverständlich alle Zahlen entweder in verschiedenen Kästchen oder einem Systemschein.
Allerdings möchte ich dazu sagen, dass dies nur funktioniert, wenn Sie die Absicht haben, das gewonnene Geld sinnvoll auszugeben und auch anderen Menschen damit zu helfen. Nehmen Sie nochmals Ihr Big Money Oil, und reiben Sie damit anschließend kräftig Ihren Geldbeutel ein und auch das Geld, mit dem Sie den Lottoschein bezahlen. Ich wünsche Ihnen viel Erfolg!

Beim Pendeln sollte das Pendel nicht angeschaut werden. Besser ist es, wenn Sie die Augen geschlossen haben oder sich auf einen anderen Punkt im Raum konzentrieren.

Gibt es ein einfaches Tagesorakel?

Gibt es ein kleines Orakel, das ich täglich anwenden kann, um zu wissen, was mir der Tag bringt, ohne ein ewig langes Studium betreiben zu müssen?

Barbara F., Murnau

Thea: Selbstverständlich gibt es hierfür ein so genanntes Würfelorakel. Morgens nehmen Sie gemütlich bei einer Tasse Kaffee einen Würfel zur Hand. Konzentrieren Sie sich auf den Tag, und würfeln Sie.

- Ein Auge auf dem Würfel bedeutet, Sie bekommen Besuch.
- Zwei Augen sagen Ihnen: Heute müssen Sie besonders achtsam sein, denn Sie könnten Pech haben.
- Drei Augen bedeuten einen vergnüglichen Tag.
- Vier Augen versprechen Glück auf der ganzen Linie.
- Fünf Augen bedeuten, dass Sie im Straßenverkehr aufpassen sollten.
- Sechs Augen deuten auf eine Glückssträhne in allen Angelegenheiten hin.

Viel Spaß dabei!

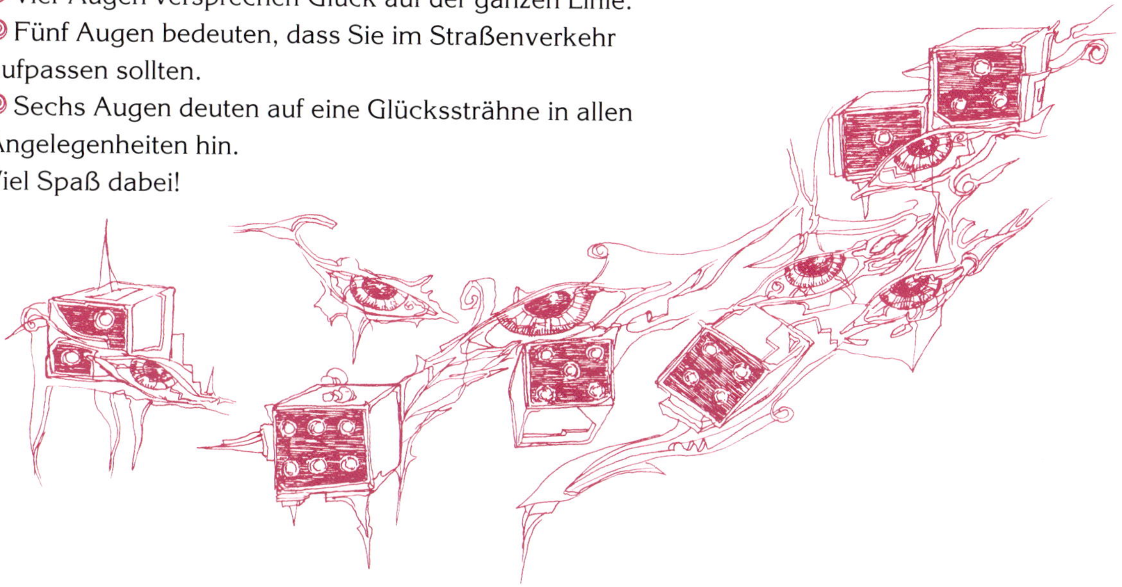

Ein kleines Kartenorakel

Dafür benötigen Sie ein normales Skatkartenspiel mit 32 Karten. Mischen Sie die Karten gut durch, und breiten Sie diese fächerförmig vor Ihnen aus. Nun können Sie Ihre erste Frage stellen, z. B.:

Bei der Deutung spielt die persönliche Erfahrung eine Rolle. Sie können nur immer das interpretieren, was Ihnen bewusst ist und wofür Sie offen sind.

Denkt der / die Geliebte an mich?

Kreuz-Karten
7 = ein wenig • 8 = zurückhaltend • 9 = mit Ungeduld • 10 = unaufhörlich • Bube = keineswegs • Dame = sehnsüchtig • König = spöttisch • Ass = liebevoll

Pik-Karten
7 = er / sie verstellt sich • 8 = hoffnungsfroh • 9 = zweifelnd
10 = ebenso wie du • Bube = mehr an dein Geld • Dame = oft
König = teilnahmslos • Ass = dann und wann

Karo-Karten
7 = nur bei dir • 8 = an jede(n) Frau / Mann • 9 = ergeben
10 = an eine(n) andere(n) mehr • Bube = ohne Sehnsucht
Dame = liebend • König = spöttisch • Ass = Eifersucht

Herz-Karten
7 = grollend • 8 = im Traum • 9 = auch bei der Arbeit
10 = an dich und andere • Bub = kaum • Dame = jederzeit
König = voll Schmerz • Ass = früh und spät

Wie kommt das Geld zu mir?

Kreuz-Karten
7 = selten • 8 = gar nicht • 9 = bisweilen • 10 = in kleinen Mengen
Bube = verspätet • Dame = nach Mahnung • König = unter Streit
Ass = in Raten

Pik-Karten
7 = unerwartet • 8 = in großer Höhe • 9 = überraschend
10 = vor dem Termin • Bube = durch die Post • Dame = persönlich
König = mit Zinsen • Ass = auf einmal

Karo-Karten
7 = im letzten Augenblick • 8 = unbenötigt • 9 = reichlich
10 = ständig • Bube = weniger als erwartet • Dame = pünktlich
König = säumend • Ass = viel

Herz-Karten
7 = zu spät • 8 = erwünscht • 9 = mit Vorbehalt annehmen
10 = schwer verdient • Bube = von Wildfremden • Dame = von Verwandten • König = in Form eines Schecks • Ass = immer wieder

Was wird mir die Zukunft bringen?

Beim Legen normaler Skatkarten gibt es nicht die Variante, wie sie beim Tarot bekannt ist, dass eine Karte, die andersherum liegt, auch eine andere Bedeutung hat.

Kreuz-Karten
7 = Glück • 8 = Langeweile • 9 = unnötige Arbeit
10 = Verzweiflung • Bube = Verdienst • Dame = eine neue Liebe
König = Zurücksetzung • Ass = Geld

Pik-Karten
7 = Ärger • 8 = Streitereien • 9 = Sorge • 10 = viele Reisen
Bube = Feindschaft • Dame = Änderung der Lebenslage
König = Hilfe • Ass = Liebe

Karo-Karten
7 = Auslagen • 8 = Aufklärung • 9 = keine Klarheit
10 = schwierige Lage • Bube = Unglück • Dame = Prozess
König = Verletzung • Ass = unerwartete Belohnung

Herz-Karten
7 = Verlust des Eigentums • 8 = Fortschritt • 9 = Krankheit
10 = Gewinn • Bube = Trennung • Dame = Gefängnis
König = Vergnügen • Ass = unverhofftes Glück

Natürlich sind dies nur einzelne Aussagen, die alleine gelegt kaum oder gar nicht von Bedeutung sind. Aber Sie können diese in Zusammenhang mit anderen Kartenlegesets anwenden, da sie konkrete Aussagen enthalten.
Beachten Sie, dass Sie grundsätzlich nur konkrete Antworten erhalten, wenn Sie auch eine konkrete Frage gestellt haben. Je präziser die Frage gestellt wird, desto eindeutiger antwortet das Orakel.

Wie funktioniert ein Würfelorakel?

Schon mehrere Male habe ich gelesen, dass man anhand von Würfeln die Zukunft vorhersagen kann. Wie geht denn das?

Gilda M., Wolfratshausen

Natürlich können Sie mit irgendwelchen Würfeln das Orakel befragen. Wenn Sie jedoch öfter die Würfel zu diesem Zweck verwenden, sollten Sie sie nicht mehr zum Spielen hernehmen.

Thea: Natürlich kann man auch mit Würfeln orakeln. Dazu brauchen Sie zunächst zwei Würfel. Stellen Sie eine exakte Frage, und würfeln Sie. Die gewürfelten Augen haben folgende Bedeutung:

	Ihr Anliegen klärt sich schon in den nächsten Tagen.
	Alles Gewünschte wird erreicht.
	Gefahr droht aus einer anderen Richtung als erwartet.
	Seien Sie vorsichtig – es könnte etwas passieren.
	Es sieht erst schlecht aus, wird sich aber zum Guten wenden.
	Eine einflussreiche Persönlichkeit wird Ihnen behilflich sein.
	Achten Sie jetzt ganz besonders auf falsche Freunde.
	Ein enger Freund, Partner oder Verwandter ist mit beteiligt.
	Ihr Wunsch wird sich als der falsche erweisen.

 Eine junge Frau steht zu Ihnen.

 Vorsicht, es könnte eine Rivalin auftauchen.

 Eine Frau aus Ihrem Verwandten- oder Bekanntenkreis hat die Finger im Spiel.

 Die Dinge nehmen eine unerwartete Wendung.

 Sie haben Glück bei allem, was Sie jetzt anpacken.

 Stehen Sie sich nicht selbst im Weg.

 Eine noch geheime Nachricht bringt Veränderungen.

 Viel Liebe wird Ihnen entgegengebracht.

 Sie bekommen, was Sie sich wünschen, dürfen aber nicht zu gierig sein.

 Durch Umsicht kommen Sie ohne Probleme an das lang ersehnte Ziel.

 Ihre Bemühungen werden zu einem guten Ergebnis führen.

 Ihr Wunsch wird in jedem Fall in Erfüllung gehen.

Wie bei jedem Orakel gilt auch hier: Befragen Sie die Würfel nicht zu oft, denn dann werden die Antworten unklar, und am Ende wissen Sie weniger als vorher.

Geheime Wünsche schriftlich festzuhalten verschafft Klarheit und hilft, Vorstellungen zu formulieren.

Das Wochenorakel

Mit Hilfe des Wochenorakels werden sie regelmäßig daran erinnert, was Ihnen wichtig ist und was Sie gern erreichen wollen. Probieren Sie es doch einfach mal aus!

Geht es Ihnen auch so wie den meisten? Gegen Ende des Jahres erstellt man eine Liste mit guten Vorsätzen für das neue Jahr. Leider sind die meisten bis spätestens Ende Januar bereits wieder im Trubel des Alltags vergessen, oder Sie können den »inneren Schweinehund« einfach nicht besiegen. Warum versuchen Sie nicht mal, Ihre tugendhaften Absichten mit Hilfe des Kosmos in die Tat umzusetzen, und zwar kontinuierlich von einer Woche zur nächsten.

Besorgen Sie sich dafür Schreibpapier, und schneiden Sie es in 52 gleich große Zettel. Machen Sie sich auf einem separaten Zettel Notizen, welche Bereiche Sie gerne ändern möchten: Familie, Job, Liebe, Gesundheit, Freundschaft, Geld, aber auch Glück, Selbstbewusstsein, Gelassenheit, Angst, Lebenssinn, Mitmenschen, Glaube oder Mut können Ihr Thema sein.

Schreiben Sie auf jeden einzelnen der 52 Zettel eine Affirmation zu den einzelnen Wunschbereichen, z. B.: »Meine Familie unterstützt mich nach besten Kräften« – wenn Sie immer allein vor dem Chaos in der Wohnung stehen und sich alle anderen abgeseilt haben. Oder: »Ich habe jetzt den Job in der Firma, den ich mir schon immer gewünscht habe« – wenn Sie jeden Tag mit Widerwillen in Richtung

Ihres Büros gehen. Oder: »Ich lebe in einer wunderbaren Beziehung mit einem phantastischen Menschen« – wenn Ihre »bessere Hälfte« Sie zum Wahnsinn treibt. Legen Sie anschließend alle Zettel zusammengefaltet in eine runde Dose.

Sicherlich werden Ihnen viele Dinge einfallen, die Sie an Ihrer Umgebung, aber auch an sich selbst ändern möchten. Entwerfen Sie eine Affirmation, die allgemeiner Natur sein kann, aber auch ganz speziell auf eine Quelle der Unzufriedenheit hinweist. Formulieren Sie die Affirmation stets in der Gegenwartsform und in positiver Weise. Statt zu schreiben: »Ich werde mich nicht mehr mit Schokolade voll stopfen«, schreiben Sie: »Ich habe Appetit auf gesunde Süßigkeiten.«

Wenn das neue Jahr beginnt, ziehen Sie an jedem Sonntag ein Los aus Ihrer Orakeldose. Wenn Sie möchten, können Sie ein kleines Ritual daraus machen. Kochen Sie sich eine Tasse Tee, legen Sie ein paar Ihrer Lieblingskekse bereit, und ziehen Sie eines der Lose. Entfalten Sie den Zettel, und lesen Sie den Inhalt. Schließen Sie die Augen, und lassen Sie die Worte auf sich wirken. Konzentrieren Sie sich auf die Bilder, die in Ihnen bei dem Gedanken daran aufsteigen. Notieren Sie anschließend alles auf einem Zettel oder in Ihrem eigens dafür angelegten Orakelbuchs.

Nicht nur interessant, sondern auch sinnvoll ist, wenn Sie parallel zu Ihrem Wochenorakel ein so genanntes Orakeltagebuch führen. So bekommen Sie einen ganz realistischen Bezug zu Ihren Wünschen.

In der darauf folgenden Woche sollten Sie versuchen, ganz bewusst nach der Affirmation zu leben. Machen Sie auch unter der Woche immer wieder Ihre Notizen über die Eindrücke und Erlebnisse, die Sie hatten. Wiederholen Sie die Affirmation immer wieder, nachdem Sie aufgestanden sind. Seien Sie nicht überrascht, wenn Sie zum nächsten Silvester ein ganz neuer Mensch geworden sind.

Das Monatsorakel

Anstatt 52 Zettel, wie im Wochenorakel zu benutzen, beschränken wir uns in diesem Ritual auf den einzelnen Monat und seinen Aspekt auf unser Leben. Schreiben Sie zunächst alle zwölf Monatsnamen untereinander auf. Schreiben Sie jeweils neben den Namen des Monats, was Ihnen dazu einfällt und eine ganz besondere Bedeutung für Sie hat.

Jeder Monat bringt ganz eigene Assoziationen hervor. Nehmen Sie die folgenden Beispiele als Anregung, um zu Ihren persönlichen Affirmationen zu kommen.

Beispiel

Januar	Frost, Glitzerkristalle, Eiseskälte
Februar	Rückkehr des Lichts, Fasching, Schneeschmelze
März	Schneeglocken, erste Sonnenstrahlen
April	Tulpen, Narzissen, Ostereier, Tierkinder
Mai	Wonnemonat, Liebe, Waldmeisterbowle
Juni	Mittsommer, Gartenparty, Hochzeit feiern
Juli	Hitze, Sonnenbäder, im Gras liegen, Gewitter
August	Sternschnuppen, Ferien, Obstgärten
September	goldgelbe Ähren, Trauben, Drachen steigen lassen, Kartoffelfeuer
Oktober	Kürbis, fallende Blätter, Morgennebel, Kastanien sammeln
November	Dunkelheit, Nebel, schmökern und Kakao trinken
Dezember	Weihnachten, Kerzenschein, Lebkuchen, Schneemann bauen

Anders als im Wochenorakel wird im Monatsorakel mehr Bezug genommen auf die Natur. Unsere Wünsche und Bedürfnisse sind hier viel mehr auf den Kreislauf der Natur ausgerichtet.

Schauen Sie sich die Liste an. Am liebsten möchten Sie sofort damit anfangen, einige Dinge in die Tat umzusetzen. Die meisten von uns haben den ursprünglichen Kontakt zu den einzelnen Monaten und Jahreszeiten verloren. Die meisten von uns nehmen nur wichtige Termine wie Geburtstage, Hochzeits- oder Feiertage zur Kenntnis. Dies kommt im Allgemeinen nur von unserer Angst, diese Ereignisse zu vergessen oder weil es uns vor diesen Familientreffen graut.

Dabei ist jeder Monat etwas ganz Besonderes. Behandeln Sie ihn auch so. Begrüßen Sie jeden einzelnen Monat mit einem besonderen Ritual. Nehmen Sie sich jeden Monat bestimmte Dinge vor. Erleben Sie z.B. die Natur, Sonne und Mond, Licht und Dunkelheit ganz bewusst. Essen Sie, was es frisch aus Ihrer Umgebung gerade gibt, verzichten Sie z.B. auf Erdbeeren im Dezember. Stellen Sie sich für jede Jahreszeit Ihre Garderobe neu zusammen, dekorieren Sie Ihre Wohnung um. Werden Sie im Winter Eskimo und im Sommer Afrikaner. Für Ihr Monatsorakel sollten Sie sich zusätzlich für jeden einzelnen Monat etwas Bestimmtes vornehmen. Genügend Anregungen hierfür finden Sie im Wochenorakel (siehe Seite 84).

Wenn Sie das Ritual auf diese Weise zelebrieren, werden Sie am Ende des Jahres nicht wieder sagen, wie schnell das Jahr vorübergegangen ist. Schließlich haben Sie es auch sehr intensiv erlebt.

Vorzeichen der Tierwelt

In früheren Zeiten bewerteten die Menschen Sichtungen von Tieren als Vorzeichen für kommende Ereignisse. Im Folgenden gebe ich Ihnen eine kleine Übersicht darüber. Bewerten Sie diese aber bitte nicht über. Nicht alles wird so heiß gegessen, wie es gekocht wird!

Adler
Sieht ihn der Wandernde auf der Seite seiner Tasche, ist es ein günstiges Zeichen.

Die wohl auch heute noch bekannteste Vorhersage ist die Begegnung mit einer schwarzen Katze. Es heißt, das bringe Unglück. Inwiefern das Aberglaube ist, entscheiden Sie natürlich selbst.

Bär
Ihre Unternehmungen werden gelingen.

Bienenschwarm
Wenn Sie sich an Häuser anhängen, deutet dies zumeist auf Feuersbrunst und Unheil hin.

Eber
Das Glück ist einem hold!

Elster
Sieht man sie von vorne, ist dies ein gutes Zeichen, von hinten eher ein schlechtes.

Frosch
Hüpft er vom Land ins Wasser, ist dies ein günstiges Zeichen, vom Wasser ans Land jedoch eher ungünstig. Er ist allgemein bekannt als Wetterprophet.

Hase
Ihm zu begegnen ist eher ein entmutigendes Zeichen.

In der germanischen und keltischen Mythologie tauchen Tiere immer wieder auf. Ihnen wurden magische Fähigkeiten zugesprochen, die heute häufig nicht mehr bekannt sind.

Henne

Begegnet man einer krank aussehenden Henne, so stehen die Zeichen sehr ungünstig. Kräht eine Henne wie ein Hahn, so ist es ein Gräuel. Lauscht man erwartungsvoll und kräht der Hahn, ist es günstig. Schreit die Henne, ist es ungünstig. Die Griechen legten Körner auf die Buchstaben des Alphabets und ließen sie den Hahn aufpicken. Die Römer weissagten aus dem gierigen oder trägen Fressen junger Hühner.

Heuschreckenzüge

Sie weisen auf fremde Gäste und Begegnungen hin.

Hirsch

Der Tag wird gut verlaufen.

Holzwurm

Hört man sein tickendes Geräusch, wenn es ganz ruhig ist, so stirbt bald jemand.

Katze, schwarz

Wenn Sie einem über den Weg läuft, bringt dies Unglück.

Käuzchen

Sein Ruf wird als »Komm mit!« gedeutet. Er ruft die Seele des Menschen. Wenn man es in der Nacht schreien hört, stirbt bald jemand.

Krähe

Wenn Sie von der linken zur rechten Seite fliegt, ist dies ein günstiges Zeichen.

Kuckuck

Erschallt sein Ruf rechts, ist dies ein gutes Zeichen, erschallt sein Ruf links, ein übles Zeichen. Bei dem ersten Schrei eines Kuckucks nehme man eine Geldmünze zur Hand und greife nach seiner Geldtasche; dies wird einem immer Glück und Reichtum bescheren.

Pferde, weiß
Wenn man sie sieht, bringen sie einem Glück.

Schaf
Wer bei frühem Ausgang ein Schaf sieht, ist überall willkommen.

Schlangen
Sieht man welche, sollte man sie nicht stören. Es könnte der Schlangenkönig sein, dessen Töten Unheil über die ganze Familie bringen soll.

Schwalbe
Wer im Frühling die erste Schwalbe sieht, hat Glück. Wo sie ihr Nest baut, dort weilt das Glück.

Schwein
Wer bei frühen Abendgängen ein Schwein sieht, ist überall willkommen. Es ist das Symbol für Glück und unberechenbaren Erfolg.

Spinne
Spinnerin am Morgen bringt Unglück und Sorgen. Spinnerin am Abend bringt Glück und Behagen.

Storch
Wer einen fliegen sieht, soll eine Reise tun.

Wiesel
Läuft es einem über den Weg, so verschiebe man sein Vorhaben, oder man wartet, bis ein Dritter den Weg beschritten hat.

Wolf
Da der Wolf tapfer und unerschrocken ist, bedeutet er Mut und Hoffnung.

In Naturreligionen spielen Tiere insofern eine Rolle, als die gesamte Natur als beseelt wahrgenommen wird. Der Magie, die diesem Denken zugrunde liegt, versuchte man im Mittelalter Herr zu werden, indem man z.B. Hexen mit ihren Lieblingstieren verbrannte.

Alte Wahrsagebräuche

Neben den gängigen Hilfsmitteln, die in der Kunst des Wahrsagens verwendet werden, gibt es noch zahlreiche andere. Allerdings sind die nicht immer ernst zu nehmen und auch nicht unbedingt zur Nachahmung empfohlen, wie z.B. die Tyromantie.

Tympanomantie

Es wird mit Hilfe einer Trommel wahrgesagt. Dieser Brauch wird besonders von den lappischen Schamanen angewendet. Auf die Trommel werden Figuren gezeichnet. Dann wird auf die Trommel ein loser Gegenstand gelegt. Man schlägt die Trommel. Der Gegenstand rutscht hin und her und bleibt endlich auf irgendeiner aufgezeichneten Figur liegen. Diese ist dann Ausgangspunkt für eine bestimmte Deutung.

Tyromantie

Bei diesem Wahrsagebrauch soll erwiesen werden, ob jemand schuldig ist oder nicht. Es handelt sich dabei um ein so genanntes Gottesurteil! Man gibt diesem Menschen einen Brotklumpen, ein Stück Käse oder Klöße aus trockenem Reismehl zum Schlucken. Wenn der Beschuldigte sie hinunterschlucken kann, ist er frei. Quellen Sie in seinem Hals auf, so dass er sie nicht hinunterwürgen kann, dann ist er schuldig.

Bleigießen

Man bringt über einem Feuer Blei zum Schmelzen und gießt es dann schnell ins Wasser. Das Blei erstarrt sofort und nimmt irgendeine Gestalt an. Das Gebilde wird gedeutet: entweder danach, welchem Gegenstand es ähnlich sieht, oder aufgrund des Schattens, den es an die Wand wirft. Diese Art des Orakelns ist auch ein sehr alter Silvesterbrauch.

Das Sieb als Gerät zum Weissagen

Die römische Vestalin beispielsweise musste Feuer in einem ehernen Sieb tragen können. Die Alten glaubten, dass fromme, unschuldige Menschen im Sieb Wasser tragen könnten. Um einen Übeltäter ausfindig zu machen, hängt man ein Sieb an einen Faden und beginnt, die Namen der Angeklagten herzusagen. Bei welchem Namen sich das Sieb zu drehen beginnt, der ist des Verbrechens überführt. Oder man hält das Sieb auf den Spitzen einer Schere, nennt die Namen und wartet, bei welchem es herunterfällt.

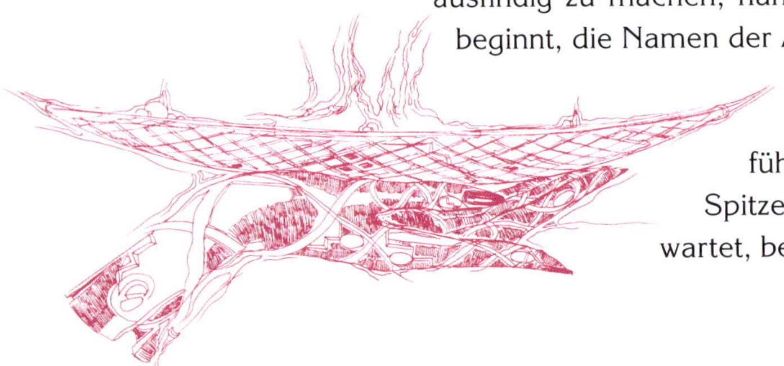

P wie Prüfungsrituale

Kennen Sie das Gefühl? Sie stehen vor einem wichtigen Prüfungstermin, und Ihnen schlottern die Knie. In solchen Situationen ist es wichtig, einen klaren Kopf zu behalten und sich mit dem Erlernten auseinander zu setzen. Eigentlich kann ja auch gar nichts schief gehen, schließlich haben Sie den Stoff gelernt und ihn so in Ihrem Gedächtnis verankert.
Wie Sie es schaffen, das Erlernte rechtzeitig vor der Prüfung wieder zu aktivieren, möchte ich Ihnen anhand des folgenden Rituals erklären.

Was Sie für dieses Ritual benötigen

eine weiße Kerze
das ätherische Öl Baldrian
das magische Öl Success
die Erfolgsräucherung oder
Planetenräucherung des Jupiters
Räucherkohle und -gefäß
zahlreiche Teelichte

Eine Prüfung erfordert die volle Konzentration. Sorgen Sie in der Zeit davor für eine gesunde Ernährung, ausreichend Schlaf, und treiben Sie Sport. Nutzen Sie die Jupiterstunde für das Ritual.

Führen Sie das Ritual an den sieben Tagen, die der Prüfung vorausgehen, jeweils zur Jupiterstunde (siehe Regententabelle Seite 119) durch. Setzen Sie sich im Schneidersitz, Blick nach Osten, auf den Boden. Bilden Sie um sich einen Schutzkreis, bestehend aus zahlreichen Teelichten. Vor sich stellen Sie die weiße Kerze und salben diese von der Mitte nach oben und von der Mitte nach unten mit dem Baldrianöl ein. Visualisieren Sie dabei, wie Sie Ihre Prüfung erfolgreich bestehen und alle Hürden übersprungen haben.
Entzünden Sie nun die Kerze sowie die Räucherkohle mit Hilfe eines Streichholzes, und geben Sie etwas von der Erfolgs- oder Planetenräucherung (Jupiter) darauf. Reiben Sie Ihre Hände mit einigen Tropfen des Success Oil ein. Stehen Sie dann für einen Moment auf, und überkreuzen Sie Ihre Hände, Handflächen nach innen, über Ihrer Brust.
Streichen Sie nun Ihre Aura mehrmals kräftig von oben nach unten aus, und visualisieren Sie stets den gewünschten Erfolg.

Machen Sie sich während des Rituals auch ruhig ein paar Notizen zu Ihrer Prüfung. Am besten ist es, wenn Sie die Tage vor den Prüfungen zu den Jupiter- und Merkurstunden lernen. Natürlich können Sie auch zu anderen Zeiten lernen, aber diese Stunden eignen sich am besten, da Sie dann am aufnahmefähigsten sind.
Am Tag der Prüfung entzünden Sie morgens nach dem Aufwachen eine weiße Kerze und salben diese erneut mit Baldrianöl ein. Versuchen Sie, ganz locker und entspannt zu sein. Nehmen Sie etwas Traubenzucker mit in die Prüfung. Viel Glück und Erfolg!

Wir können Schutzrituale durchführen für uns selbst, für unsere Lieben und ebenso für Tiere. Gerade in der Stadt lebende Tiere sind größeren Gefahren ausgesetzt als auf dem Land, da sie sich nicht in ihrem artgerechten Umfeld befinden.

Q –

R wie Reinigungsrituale (siehe Seite 108,128)

S wie Schutzrituale (siehe Seite 36, 46–48)

T wie Tierschutzrituale

Magisches für Ihr Tier

Egal ob Hund oder Katze, Kaninchen oder Meerschweinchen, wir alle lieben unsere Haustiere und wollen sie so lange wie möglich gesund und munter um uns haben. Je nachdem, ob Sie in der Stadt oder auf dem Land wohnen, sind vor allem Hund und Katze unterschiedlichen Gefahren ausgesetzt: Sie werden überfahren, laufen weg oder werden krank. Sie können Ihre Vierbeiner vor vielem schützen und ihnen auch helfen, wieder gesund zu werden.

Schutzritual für Ihr Tier

Führen Sie dieses Ritual an einem Samstag bei abnehmendem Mond durch. Zünden Sie eine schwarz durchgefärbte Kerze an, und räuchern Sie den Raum, in dem Sie mit Ihrem Tier zusammen sind, mit Rosmarin oder einer speziellen Mischung aus Efeu, Wacholder und Salbei.

Das Pentagramm ist ein magisches Zeichen, um Unheil abzuwehren. Es ist auch unter den Namen Hexenstern, Pentakel oder Stern der Magier bekannt.

Setzen Sie sich neben Ihr Tier, und fächeln Sie den Rauch mit langsamen Bewegungen um seinen Körper. Danach schließen Sie die Augen und visualisieren eine goldene Schutzhülle, die Ihren vierbeinigen Freund vollkommen umgibt. Schließlich streichen Sie mit den Händen ganz sanft über seine Aura und visualisieren, wie Sie für alles Negative vollkommen undurchdringlich wird.
Sie können dem Futter des Tieres auch ein wenig schützende Kräuter beifügen, wie Basilikum oder Petersilie. Trägt Ihr Tier ein Halsband, wenn es draußen herumläuft, so können Sie an der Innenseite auch das schützende Pentagramm zeichnen.

Normalerweise haben Tiere einen so feinen Instinkt, dass sie genau wissen, was sie brauchen, und sich somit instinktiv richtig verhalten. In der Stadt lebende Tiere sind allerdings auf die Hilfe des Menschen angewiesen.

Noch mehr zur Hege und Pflege für unsere geliebten Haustiere

Zur Beruhigung

Ist Katerchen Julius erst vor wenigen Stunden bei Ihnen eingezogen? Dann hat er sicher noch Angst und ist eingeschüchtert. Um ihm die Eingewöhnung in den ersten Tagen und Stunden ein bisschen zu erleichtern, mischen Sie ein paar Tropfen der Bachblüte Aspen oder Mimulus unter sein Futter. Wenn er ganz große Angst hat, nehmen Sie am besten die Bach-Notfalltropfen.
Diese Blüten wirken im Übrigen auch bei allgemein ängstlichen, erwachsenen Katzen, wie z. B. bei Keith, dem Kater meiner Freundin, der sonst immer sofort auf Tauchstation ging, wenn es klingelte und sich Besuch anmeldete. Ebenso beruhigend wirkt auch ein Chrysokoll oder Rosenquarz, der neben dem Schlafplatz des Haus-

tieres liegt. Genauso gut reagieren Tiere auf leise Meditationsmusik im Hintergrund. Der Kater meiner Freundin schnarcht dabei schon nach wenigen Minuten selig vor sich hin. Sie können auch zusätzlich ein paar Tropfen Lavendelöl in die Duftlampe geben. Wundern Sie sich nicht, wenn Sie genauso ruhig und entspannt einschlummern.

Die Heilkräfte der Edelsteine und ätherischen Öle wirken nicht nur bei Menschen. Tiere reagieren ebenso auf die natürlichen Wirkstoffe. Ein paar Tipps finden Sie hier.

Vor einer Operation

Wenn dann doch einmal der Tierarzt operieren musste, können Sie ebenfalls die Bach-Notfalltropfen verwenden. Aber auch Calcedon- oder Malachit-Edelsteinwasser im Trinkwasser hilft hier sehr gut. Sie können diese Steine auch zusätzlich neben das Tier legen.

Für mehr Vitalität

Im Gegensatz zu dem agilen Kater Rocky aus der Nachbarschaft, der ständig durch die Gegend saust, rennt der Kater meiner Freundin immer nur dann, wenn jemand in der Küche klappert oder er im Hausflur Stimmen hört (auch wenn diese noch so weit weg sind!). Wenn Sie Ihren Faulpelz also etwas lebendiger erleben möchten, so verwenden Sie die ätherischen Öle Bergamotte oder Rosmarin und geben Sie Edelsteinwasser von roten, orangefarbenen oder gelben Steinen in den Trinknapf.

Gegen Flöhe, Läuse & Co.

Bei Parasiten wirken grüne Steine gut. Und mit Karneol fühlt sich das Tier sicher und mutig.

Wohl bekomm's!

Was hilft bei Verfressenheit? Bei Kater Keith scheinbar nichts!

Bedeutung der Tiere und Pflanzen in den verschiedenen Kulturen

Soweit man auch in der Menschheitsgeschichte zurückgehen mag, immer wieder wird man finden, dass in überlieferten Texten, in Religion und Mythos neben den Menschen auch Tiere und sogar Pflanzen eine besondere Rolle spielen. Ihr Andenken an sie wird gleich den Göttern, Helden und bemerkenswerten Ereignissen von den kommenden Geschlechtern gepflegt.

Der Apfel

Es beginnt bereits im Paradies – bei Adam und Eva. Beiden wird ein Tier und ein pflanzliches Gewächs zum Verhängnis: die Schlange und der Apfel. Der Apfel hat überhaupt, von allen Früchten am meisten, weltgeschichtliche Bedeutung erlangt.

Wer die griechischen Sagengeschichten kennt, der weiß, dass jenen langen heroischen Kampf um Troja im Grunde genommen ein Apfel verschuldet hat. Nämlich jener »Zankapfel« der Eris, der Göttin der Zwietracht, den diese beim Hochzeitsfest des Peleus und der Thetis unter die Gäste warf. Dieser trug die Aufschrift: »Der Schönsten«. Um diesen Preis der Schönheit stritten sich dann die Göttermutter Hera, Pallas Athene, die Göttin der Weisheit, und die Liebesgöttin Aphrodite. Da sich die Damen nicht einigen konnten, sollte ein vollkommen Unparteiischer entscheiden. Die Wahl traf Paris, der Sohn des Priamos, des Königs von Troja. Er schenkte den Apfel der Göttin der Liebe, die ihm dafür das schönste Weib der damaligen Welt, Helena, jene aus einem Ei geschlüpfte Tochter des Zeus und der Leda, zuführte. Allerdings war diese schon seit einiger Zeit die Gattin des griechischen Fürsten Menelaos, der, um ihre Entführung zu rächen, nun mit seinen Griechen gegen Troja zog und so den folgenschweren Kampf begann.

Doch wo waren wir stehen geblieben? Bei dem Apfel. Noch eine andere Gattung dieser Frucht hat in der griechischen Sagenwelt Bedeutung erlangt: die Äpfel der Hesperiden. Gaia, die Mutter der Erde, hatte dem edlen Götterpaar Zeus und Hera zur Vermählung einen Baum geschenkt, auf dem lauter goldene Äpfel reiften. Vier Jungfrauen, die Hesperiden, pflegten diese kostbaren Gewächse. Ein hundertköpfiger Drache musste sie bewachen. Einst hatte Eurystheus den Helden Herakles ausgesandt, ihm diese goldenen Äpfel zu rauben, in der Hoffnung, Herakles werde bei der Erfüllung seines Auftrages den Tod finden. Diesem jedoch gelang es durch List, drei der herrlichen Früchte zu erlangen. Der Himmelsträger Atlas hatte sie aus dem Garten geholt und Herakles für ihn einstweilen das Tragen des Himmelsgewölbes übernommen. Darauf brachte Herakles seinen Raub dem Eurystheus. Als dieser Herakles lebendig wieder sah, verloren auch die Äpfel für ihn an Wert, und er gab sie Herakles zurück. Der Held wollte aber kein göttliches Eigentum behalten und legte die Früchte am Altar der Athene nieder, die sie in den Garten der Hesperiden zurücktragen ließ.

In der germanischen Mythologie wacht die Göttin Idunna über die goldenen Äpfel, die für die Götter bestimmt sind, die dadurch Unsterblichkeit erlangen.

In historischer Zeit erhielt der Apfel seine Bedeutung als Herrschaftsinsignie. Schon unter Kaiser Augustus findet man auf einer Münze drei Kugeln mit den damals bekannten Erdteilen Europa, Asien und Afrika. Spätere Kaiser tragen auf Münzen in ihrer Hand ebenfalls eine Kugel, meist mit einer Siegesgöttin geschmückt. In christlicher Zeit wurde die Siegesgöttin durch ein Kreuz ersetzt, und in dieser Form ging sie von den byzantinischen auf die deutschen Kaiser über und erhielt die Bezeichnung »Reichsapfel«.
Neben dem »Zankapfel«, den goldenen Äpfeln der Hesperiden und dem symbolischen Reichsapfel hat auch ein ganz gewöhnlicher Vertreter seiner Art Bedeutung erlangt: der Apfel des Wilhelm Tell, den jener Schweizer Freiheitsheld auf Wunsch des Fronvogtes Geßler mit einem einzigen Pfeil vom Haupte seines Kindes schoss.

Aus der germanischen Mythologie ist bekannt, dass dem Verstorbenen Äpfel mit ins Grab gelegt wurden als Symbol der Wiedergeburt.

Die Schlange

Von den Tieren, die in Sagen, Geschichte und Mythos der Völker eine Rolle spielen, wäre zunächst die Schlange zu erwähnen. Nicht immer spielt sie eine so teuflische Rolle wie im Paradies. So gilt die giftige Kobra in ganz Südindien als göttliches Wesen, das man in eigenen Schlangenhainen anbetet. Ihr zu Ehren werden Steine mit Abbildungen der Kobra aufgestellt, und diesen Steinen wird dann die Verehrung zuteil.

Die Schlange ist ein altes Zeichen für Macht und weist auf Gefahren hin. Um sich mit ihr gutzustellen, wird sie oftmals religiös verehrt.

Ist es bei der Kobra mehr die Furcht vor ihrem Gift, die sie den Menschen verehrungswürdig macht, so werden in anderen Gegenden gewisse Schlangen deshalb geschont, weil sie sich als nützlich erwiesen haben. Auch bei den Juden in Vorderasien wird den Schlangen große Macht zum Guten und Bösen zugeschrieben. Niemals wagt es dort jemand, eine Schlange zu töten oder zu verletzen, in der Furcht, die Schlange werde an ihm oder seinen Angehörigen Rache nehmen.

In vielen Kulturen und Religionen ist die Seelenwanderung bekannt. Es wird an die Wiedergeburt in Gestalt eines Tieres geglaubt. Allein dadurch haben Tiere einen ganz anderen Stellenwert im gemeinsamen Miteinander, als wir uns das im modernen Europa vorstellen können.

Seelenwanderung

In den Religionen, die an Seelenwanderung glauben, spielen Tiere eine ganz besondere Rolle. So sind die Brahmanen überzeugt, dass die Seele des Menschen nach dem Tod zur Läuterung und Besserung entweder in guten oder bösen Tieren wieder erscheint.

Platon behauptet, dass die Seele je nach dem Charakter des Menschen in einen entsprechenden Tierkörper übergehe. So erscheine ein Tyrann später etwa als Wolf oder Geier, arbeitsame Menschen als Bienen oder Ameisen usw.

Die ägyptischen Priester nahmen an, dass die Seele nach dem Tod durch alle Tiergattungen wandern müsse, bis sie nach 3000 Jahren wieder in einen Menschenkörper einziehen könne. Dieser Vorstellung entsprechen auch ihre Götter, deren Erscheinungsformen sie sich ebenfalls in Tiergestalt dachten. So offenbart sich beispielsweise Gott Chnum in einem Widder, Horus in einem Falken, Hathor in einer Kuh und Ruto in einer Schlange. In der Darstellung haben alle diese Götter zwar Menschengestalt, tragen aber als Haupt den Kopf jenes Tieres, in dem sie sich zeigen.

Neben diesen Göttern mit Tierköpfen gab es noch eigene heilige Tiere, wie der in Memphis verehrte Apis, der Mneevisstier oder der Reiher Phönix und viele andere. Es galt als größter Frevel, eines dieser heiligen Tiere zu töten. Selbst wenn es nicht aus Absicht geschah, so musste doch der Frevler seine Tat durch den Tod sühnen. Er wurde sogleich erschlagen. War nun ein Mensch gestorben, dann wurde er von dem schakalköpfigen Totengott Anubis vor das Totengericht geführt. Auf der Wahrheitswaage wurde dann sein Herz gewogen. Sollte diese Prüfung schlecht ausfallen, dann wartete im Hintergrund bereits der Totenfresser, dessen Vorderteil ein Krokodil, dessen Hinterteil ein Nilpferd und dessen Rumpf ein Löwe war. Manche an Seelenwanderung glaubenden Völker gehen sogar so weit, dass es bei ihnen überhaupt als Sünde gilt, irgendein Tier zu töten. Sie tragen beispielsweise einen feinen Schleier vor der Nase, um auch nicht die kleinste Fliege zu verletzen. Denn niemand könne wissen, welche Seele in diesem Tier verborgen sei und ob nicht derjenige, der dieses Tier tötet, im späteren Leben die gleiche Gestalt werde annehmen müssen.

In Abessinien ist der Glaube verbreitet, dass in Hyänen, die einen Menschen verschlungen haben, dessen Seele weiterlebt. Daher darf niemand eine Hyäne töten. Auch glaubt man, dass ein Schmied sich nachts in eine Hyäne verwandeln könne. Daher gibt eine angesehene Familie niemals ihre Tochter einem Schmied zur Frau. Weiße Adler gelten als Unglücksvögel, der Kopf eines weißen Raben aber wird als Amulett gegen den bösen Blick verwendet.

Je nach Land und Kultur sind es unterschiedliche Tiere, die traditionell eine besondere Rolle spielen und sogar als heilig verehrt werden.

Totemtiere und heilige Tiere

Im Sudan Bei den Stämmen des Sudan hat jeder Stamm sein eigenes heiliges Tier, das so genannte Totemtier. Dieses darf von dem ganzen Stamm weder gejagt noch gegessen werden, sondern wird aufs Höchste verehrt. Die Häuptlinge bedienen sich Abbildungen dieses Totemtieres. Man sieht in einem Totemtier seine Ahnen, und es gilt als besondere Ehre, von dem eigenen Totemtier gefressen zu werden.

Über die Art, wie ein Stamm zu seinem Totemtier gekommen ist, sind mancherlei Geschichten zu erzählen. So berichtet ein Stamm, der die Schlange als heiliges Tier verehrt, dass einst in die Hütte ihres Häuptlings eine Schlange gekrochen sei, dort Junge zur Welt gebracht habe und dann den Häuptling angeredet habe, er dürfe sie nicht verletzen oder töten, er müsse bei ihrem oder dem Tod einer ihrer Artgenossen wie beim Tod seiner Stammesangehörigen ein Trauerband aus einem Palmblatt anlegen.

In Japan Auch in Religion und Aberglauben der Japaner spielt die Tierkunde eine große Rolle. Von manchen Tieren glaubt man dort, sie seien Boten bestimmter Götter, denen man mit Ehrfurcht begegnen müsse und die man auf keinen Fall töten dürfte. So gilt z. B. die Schildkröte als ein dem Gott des Meeres heiliges Tier. Der Matrose, der eine solche findet, ehrt sie damit, dass er ihr zunächst Sake, eine Art Reiswein und das Nationalgetränk der Japaner, zu trinken gibt und sie dann wieder in Freiheit setzt.

Eine besondere Verehrung in Japan gilt aber dem Fuchs. Ihm werden alle möglichen übernatürlichen Fähigkeiten zugeschrieben. Man opfert ihm im Winter allerlei Leckerbissen und dazu noch Fettkerzen und Seidenwatte, damit er sich wärmen kann. Man spricht ihm auch das Vermögen zu, sich in die Gestalt einer schönen Frau verwandeln zu können, um die jungen Männer zu betören. Manche Männer sollen sogar jahrelang mit solchen verzauberten Füchsen verheiratet gewesen sein, ohne dies zu bemerken. Dies geschah meist so lange, bis die liebende Gattin durch eine Geisteraustreibung gezwungen wurde, wieder Ihre Fuchsgestalt anzunehmen.

Der Dachs hat im japanischen Aberglauben die Rolle eines listigen Betrügers, der dem Landvolk gerne seine Possen spielt, z. B. Fische aus der Bratpfanne verschwinden lässt, den Pferden die Schwänze abschneidet oder sie aus verschlossenen Ställen entführt.

Der Hund gilt bei den Japanern als eine gute Macht, als Beschützer der Frauen, Kinder und Häuser vor bösen Geistern. Ja, es wird erzählt, dass der Kaiser seine Leibwache zu gewissen Zeiten wie Hunde bellen ließ, um dadurch Gespenster und Dämonen zu vertreiben. Mit Katzen dagegen verknüpft der Japaner unheimliche Geschichten, und es muss nicht einmal eine schwarze Katze sein. Man glaubte nämlich von einer Katze, dass sie sich im Alter in einen bösen Kobold oder sogar Dämonen verwandeln würde.

In Japan ist besonders der Fuchs hoch angesehen. Ihm werden magische Kräfte nachgesagt und die Fähigkeit, sich in eine schöne Frau zu verwandeln.

Die japanische Tsuba (Schwertstichblatt) von 1770 zeigt den Fuchs als Frau verkleidet.

In der griechisch-römischen Mythologie Die griechisch-römische Mythologie kannte, wenn schon keine vergöttlichten oder angebeteten, so doch den Göttern heilige Tiere. Viele ihrer Göttinnen und Götter hatten tierische Trabanten, die in ihrer Art zu ihnen passten und ihnen geweiht waren. Der Gemahlin des Zeus, der Göttermutter Hera, war der Kuckuck heilig, weil er den Frühling verkündete, in dem sie sich mit Zeus vermählt hatte.

Dem Meeresgott Poseidon waren das Ross und der Stier als heilige Tiere gewidmet, der griechischen Weisheitsgöttin Pallas Athene die Eule, der kluge Vogel der Nacht. Wer neben einer antiken Göttin eine Hirschkuh abgebildet sieht, der wird wohl sofort an Artemis, die Göttin der Jagd, bei den Römern Diana genannt, denken. Meist ist sie abgebildet als sanfte Jägerin, die ihre Tiere schützt. Dass Sie aber auch boshaft sein kann, zeigt die folgende Geschichte: Einst belauschte sie der Jäger Aktäon, als sie nackt in einem Waldquell badete. Jedoch war er zu unvorsichtig, wurde entdeckt, und die erzürnte Göttin verwandelte ihn in einen Hirsch. Dann hetzte sie Aktäons Hunde auf ihn, und diese zerissen ihren eigenen Herrn.

Im Christentum werden Tiere weder als göttlich angesehen noch als heilig verehrt. Jedoch haben sie einen starken Symbolcharakter. Der Fisch beispielsweise ist das Symbol für Christus.

Der Göttervater Zeus brauchte sich nicht auf ein bestimmtes Tier zu beschränken, er konnte sich nach Wahl alle dienstbar machen, sich sogar in sie verwandeln. So kennt die Sage eine Geschichte, in der Zeus als Stier um die schöne Europa wirbt. Und die schöne Helena ist die Tochter des Zeus und der Leda, der er in Gestalt eines Schwanes erschien.

Doch sogar die einfache, bei uns als dumm bezeichnete Gans nimmt in der Mythologie der Alten eine hohe Stellung ein. Sie ist der obersten römischen Göttin Juno, der Gemahlin des allgewaltigen Jupiter, heilig geweiht.

Im Christentum Selbst in der christlichen Religion haben Tiere Aufnahme gefunden. Zwar schreibt man hier den Tiergattungen nicht mehr gottähnliche Bedeutung zu, aber sie werden entweder symbolhaft für bestimmte Ereignisse verwendet oder haben sich, wie die Legenden berichten, um einen Heiligen verdient gemacht.

Ein typisches Symbol ist beispielsweise die Taube. Sie verkörpert den Heiligen Geist. Oder der Fisch, das Sinnbild für Christus und die christliche Lehre. Einen Fisch zeichneten die verfolgten Christen als Erkennungszeichen in ihren Katakomben auf; einen Fisch trägt der Papst auf seinem Ring als Erkennungszeichen. Das Osterlamm ist

das Sinnbild für das geduldige Leiden des Erlösers, Ochs und Esel im Stall zu Bethlehem das der Armut und Bescheidenheit des Gottessohnes zu seiner Geburt.
Von den Symbolen, die der heilige Hieronymus den vier Erzengeln zuschreibt, sind drei ebenfalls Tiere. Nur Matthäus hat als Zeichen den Menschen, Markus einen Löwen, Lukas den Stier und Johannes den Adler. Diese vier Lebewesen werden bereits in einem Buch des Alten Testaments vom jüdischen Propheten Ezechiel aufgezählt. Die symbolische Zahl Vier findet sich z. B. auch bei den vier goldenen Ringen an der Bundeslade und den vier Flüssen, die das Paradies umgeben.
Eine besondere Bedeutung weist die christliche Religion den Tieren in den Heiligenlegenden zu. Schon aus der Zeit der Christenverfolgung z. B. berichtet uns der Kirchenvater Eusebius von Cäsarea, dass im römischen Zirkus einzelne wilde Tiere die zum Tode verurteilten Märtyrer nicht angreifen wollten, sondern sie vielmehr scheu umschlichen und zur Verwunderung der Zuschauer die heidnischen Wärter zerrissen.
Den Gründer des Mönchswesens, den heiligen Pachomius, soll ein Krokodil aus eigenem Antrieb, ohne ihm ein Leid zuzufügen, über den Nil getragen haben.
Mit dem heiligen Ägidius ist eine Hirschkuh verbunden und mit dem heiligen Anselm von Canterbury ein Hase. Beim heiligen Columban erwarb sich sogar eine Fliege ein besonderes Verdienst, denn sie setzte sich als deutlich erkennbarer Punkt immer gerade an jene Stelle des Textes, an der der glaubenseifrige irische Mönch etwa durch eintreffende Fremde in seiner Lesung gestört wurde.

Heute werden Tiere in einem Zusammenhang verwendet, in dem ein besonderer Charakterzug hervorgehoben wird. So steht der Fuchs sinnbildlich für Schläue, die Gans für Dummheit usw.

Heute Schließlich bleibt noch die Frage, wie wir in unserem aufgeklärten Zeitalter Tiere sehen. Nun, außergewöhnliche Tiere gibt es heute nur noch in Märchen, Fabeln und Sagen. Dort allerdings ergötzt man sich gerne an den Tieren, die sich wie Menschen gebärden, geißelt man gerne menschliche Schwächen im Kleid der Tiere und gibt jedem der Tiere eine dem Menschen zukommende Eigenschaft. Es heißt dann: Der Fuchs ist schlau, die Katze falsch, der Wolf böse, der Dachs griesgrämig, der Bär tollpatschig; je nachdem, wie die betreffende Eigenschaft gerade auf irgendein Tier zutreffend passt. Nur in alten Volksmärchen spielen ganz bestimmte Tiere eine Rolle. So gedenkt man in Wien noch heute des Basilisken, der in einem Brunnen hauste und das Wasser vergiftete. Ihn, hieß es, könne man nur töten, wenn man ihm einen Spiegel vor die Augen halte, denn das Untier sei so hässlich, dass es über seinen eigenen Anblick erschrecken und sofort sterben würde. Allerdings könne auch kein menschliches Auge das Scheusal erblicken. Lange wagte es niemand, diese gefährliche Tat zu vollbringen, bis sich endlich ein Bäckergeselle ein Herz nahm, in den Brunnen hinunterstieg, dem Basilisken einen Spiegel vorhielt und heil wieder an die Oberfläche kam. Als Lohn für seine edle Tat erhielt er dann die schönste Tochter seines Meisters.

In der Astrologie hilft der symbolische Charakter der Tierkreiszeichen bei der Deutung eines Horoskops: Widder steht für Impulsivität, Stier für Kraft, Krebs für Rückzug, Löwe für Vitalität, Skorpion für Kompromisslosigkeit und der Steinbock für Widerstandskraft.

Diese Betrachtung führt uns zu einem anderen Zweig, wo heute noch Tiere in symbolhafter Bedeutung verwendet werden, nämlich zur Heraldik, der Wappenkunde. Fast jedes Land hat ein bestimmtes Tier, das seine Macht verkörpern soll. Bevorzugt werden daher vor allem Adler und Löwe, auch Hahn und Bär als Wappentiere. Wer z. B. hat nicht schon als Sinnbild für England den britischen Löwen nennen gehört, wer nicht für Frankreich den gallischen Hahn oder den Bären für Russland?

Nicht zuletzt aber finden wir heute noch wie eh und je unser Firmament von Tieren bevölkert. Die Astronomie bezeichnet die Sternbilder nach Tieren wie Bär, Löwe, Schwan, Schlange, Adler. In der Astrologie kennen wir die bekannten Tierkreiszeichen Widder, Stier, Krebs, Fisch usw.

Die zwölf Tierkreiszeichen sind eine allseits bekannte Darstellung von unterschiedlichen Charakteren, die oftmals erstaunlich zutreffend ist.

Man könnte die Reihe der Tiere, die irgendwie im Menschenleben eine Rolle spielten und noch spielen, ins Unendliche fortsetzen. Diese kurze Darstellung soll nur zeigen, wie sehr der Mensch seit jeher mit dem Tier verbunden ist, das ihm vielfach Helfer, mitunter Freund, einstmals sogar Gott sein konnte. Genießen die Tiere auch heute bei uns keine göttliche Verehrung mehr, so achten und schätzen wir sie doch als Lebewesen.

U wie Unheil abwenden (siehe Seite 30, 34, 43)

V wie Venusritual (siehe Seite 163)

W wie Welt- und Friedensrituale

Weltfriedensritual

Das einzelne Schicksal hängt vom Wohl der Gemeinschaft ab, aber auch umgekehrt. Jeder von uns kann aktiv zur Gestaltung einer besseren Welt beitragen, in der Frieden und Gerechtigkeit herrschen.

Der 11. September 2001 hat unser Leben verändert. Ist es auch für Sie unfassbar, wie Menschen einander solches Leid antun können? Fühlen Sie sich hilflos oder einfach nur sprachlos? Haben Sie Angst vor dem, was noch kommen könnte? Bündeln Sie Ihre ganze Angst und auch Ihre Hoffnung auf eine friedvolle Zukunft für uns alle in dem folgenden Friedensritual.

Für dieses Ritual benötigen Sie

eine Weltkarte, eine weiße Kordel
vier Kerzen, jeweils in Weiß, Gelb, Rot und Schwarz

Diese vier Kerzen symbolisieren die verschiedenen Hautfarben der Menschen auf unserer Erde.
Je nach Belieben können Sie im Hintergrund eine Kassette abspielen, die Sie zuvor mit den verschiedensten Titeln der jeweiligen Länder bespielt haben. Beginnen Sie das Ritual am ersten Tag des zunehmenden Mondes. Stellen Sie jede Kerze auf den betreffenden Kontinent. Lassen Sie im Hintergrund die von Ihnen vorbereitete

Kassette mit Musik, die für Sie Frieden und Menschlichkeit symbolisiert, abspielen. Meditieren Sie für einige Zeit über jede einzelne Kerze und über die Menschen, für die sie steht. Was sind das für Menschen? Kennen Sie persönlich Männer oder Frauen aus diesen Ländern? Haben Sie selbst Vorurteile? Was verbindet sie mit Ihnen? Wie sieht die Geschichte dieser Menschen aus? Das Ritual wird über einen Zeitraum von sieben Tagen durchgeführt.
Versuchen Sie doch einmal, einen Tag lang wie ein(e) Afrikaner(in), Indianer(in) oder Muslim(in) zu leben. Während Sie jeden Tag ein bisschen mehr über diese Menschen erfahren, schieben Sie die Kerzen auf der Weltkarte immer wieder etwas näher aneinander. Am siebten Abend sollen die Kerzen sich einander berühren.
Binden Sie dann die weiße Kordel um die Kerzen. Stehen Sie anschließend auf, und gehen Sie einige Schritte von der Weltkarte weg. Visualisieren Sie dabei, wie die Weltkarte langsam die Erde wird und wie Sie aus dem All auf den Planeten hinabblicken.
Spüren Sie, wie diese vielen Menschen mit ihren vielen Sprachen durch eine Sprache wieder miteinander verbunden werden – durch die Sprache der Liebe, des Mitgefühls und der Menschlichkeit. Versuchen Sie, während der gesamten Dauer jedes einzelnen Rituals nicht zu sprechen und nicht abgelenkt zu werden.

Versuchen Sie auf Ihren Reisen, Kontakt mit den Einwohnern des Landes aufzunehmen. Nur durch den Austausch kann Verständnis entstehen. Vielleicht lernen Sie sogar eine Fremdsprache.

X –

Y –

Z wie Zufriedenheits- und Wohlbefindensrituale

Ritual für Ihre Aura

Bestimmt wissen Sie bereits, dass Ihre Aura ein schützendes Energiefeld ist, das Ihren Körper umschließt. Innerhalb dieses Feldes sind Sie geschützt und gefeit gegen negative Angriffe. Je nach

Stimmungslage verändern sich diese Energieströme und können brüchiger und durchlässiger werden. Dies hängt ganz von Ihrem Seelenzustand ab. Sie sollten daher öfter Ihre Aura reinigen und mit neuen Energien versorgen.

Das Auraritual ist ein Reinigungsritual. Es geht darum, negative Energie, die die Aura angreift, zu entfernen und sich mit neuer, positiver Energie wieder aufzuladen.

Das Auraritual

Für die Reinigung der Aura benötigen Sie eine Räuchermischung, bestehend aus Salbei, Wacholder und Weihrauch. Entzünden Sie eine Räucherkohle in einem Räucherkelch, und geben Sie etwas von der Räuchermischung darauf. Verwenden Sie das magische Öl Angel Oil oder Abramelin Oil, und geben Sie einen Tropfen davon auf Ihr Drittes Auge. Visualisieren Sie dabei, wie die Düfte dieses magischen Öles von Ihrer Aura aufgenommen werden und von dort aus komplett um den Körper verteilt werden.

Nehmen Sie das Räuchergefäß zur Hand, und fächeln Sie mit Hilfe einer Feder – am besten eignet sich hierfür eine Gänsefeder – den Rauch um Ihren ganzen Körper. Seien Sie dabei besonders achtsam, und lassen Sie keine Stelle aus. Schließlich handelt es sich um das Energieschild Ihres Körpers, das Sie vor negativen Einflüssen schützen soll. Visualisieren Sie dabei, wie alles Negative in Ihrer Aura zerstört wird und durch positive Energien ersetzt wird.

Anschließend sollten Sie sich ein Vollbad einlassen, das Sie mit den ätherischen Ölen Salbei, Rosmarin und dem magischen Öl Angel Oil oder Abramelin Oil ergänzen. Geben Sie auch etwas Meersalz hinzu.

Stellen Sie sich während des Badevorgangs vor, wie Ihre Aura von dem Wasser vollständig gereinigt und neu aufgeladen wird. Bevor Sie aus der Wanne steigen, sollten Sie sich noch gründlich abduschen, damit die restliche Negativenergie gut abfließen kann und keine Spuren in Ihrer Aura hinterlässt. Gehen Sie danach zu Ihrem Altar, und entzünden Sie eine schwarze oder schwarzrote Kerze, die Sie zuvor mit dem ätherischen Öl Salbei von der Mitte nach oben und von der Mitte nach unten eingerieben haben. Führen Sie dieses Ritual am besten an einem Sonntag zur Sonnenstunde durch.

Blicken Sie für einige Minuten in die Kerze, und visualisieren Sie, wie das Licht und die Energie der Kerze von Ihrer Aura aufgenommen werden. Spüren Sie, wie sich Ihr Schutzschild mit neuer Energie versorgt und kräftigt.

Was kann ich gegen Haarausfall tun?

Seit einigen Monaten verliere ich immer mehr Haare. Man sagt zwar, dass das bei Männern ein normaler Vorgang ist, aber ich will mich nicht damit abfinden. Was kann ich dagegen tun?

Monika H., Bremen

Thea: Gegen Haarausfall kann die alte Hexen-Kräuterküche helfen: Sammeln Sie einen Becher voll Blüten der Königskerze, und geben Sie einige Tropfen Healing Oil dazu. Stellen Sie den Becher geöffnet eine Nacht in den Vollmond. Verschließen Sie ihn am nächsten Morgen, und lassen Sie ihn für sieben Tage in der Sonne stehen. Wenn Sie ihn dann wieder öffnen, hat sich auf den Blüten ein Schleim gebildet, den Sie abkratzen und gleichmäßig im Haar verteilen. Diese Mixtur lässt zwar die ausgefallenen Haare nicht nachwachsen, wirkt aber weiterem Ausfall entgegen.

Um sich vital und voller Energie zu fühlen, muss das körperliche Befinden intakt sein. Legen Sie ruhig zwischendurch einen Wellnesstag ein, und spüren Sie, wie die Lebensgeister geweckt werden.

Wie werde ich meine Hautprobleme los?

Nun bin ich schon Mitte dreißig und leide immer noch unter fettiger Haut und den damit verbundenen Pickeln und Mitessern. In dieser Hinsicht fühle ich mich wie ein Teenager. Gibt es irgendwas, was ich dagegen tun kann?

Alexander K., Landshut

Thea: Ich rate Ihnen zu einer Zitronenkur, die Sie regelmäßig über einen Mindestzeitraum von vier Wochen anwenden sollten. Pressen Sie eine Zitrone und eine Orange aus, und vermischen Sie den Saft mit etwas Heilwasser. Abends vor dem Schlafengehen das Gesicht gründlich reinigen und dann diese Tinktur sanft mit einem weichen Wattebausch in das Gesicht einmassieren und nicht abwaschen. Sie sollte möglichst über Nacht einwirken. Im Übrigen gilt dieses Mittel auch gegen Falten und zur Vorbeugung gegen Falten.

Ich leide unter meiner unreinen Haut

Ich habe eine sehr unreine Haut, fühle mich daher minderwertig und bin ständig gereizt.

Sybille B., Heidelberg

Thea: Mit Kräutern und schönen Düften können Sie Ihr Badezimmer in einen wohligen Entspannungsraum verwandeln. Nehmen Sie ein Bad mit ausgewählten Essenzen. Es wirkt wie ein Balsam für Haut und Seele.

Gönnen Sie sich regelmäßig nachfolgendes Bad: Erwärmen Sie einen Viertel Liter Milch, und lösen Sie darin eine Tasse Honig auf. Diese Mischung geben Sie nun in Ihr Badewasser. Übrigens eignet sich diese Honigmilch auch zur Pflege Ihrer Gesichtshaut. Nehmen Sie ein Kosmetikpad, tupfen Sie damit die Honigmischung ins Gesicht, und lassen Sie es drei Minuten einwirken. Anschließend gründlich abwaschen. Ihre Gesichtshaut wird dadurch wieder rein, weich und frisch.

Krankheiten, Unwohlsein und körperliche Probleme können oft psychische Gründe haben. Horchen Sie in sich, vielleicht finden Sie selbst heraus, was Sie belastet. Falls das nicht hilft, scheuen Sie sich nicht, fachliche Hilfe in Anspruch zu nehmen.

Wie bekomme ich wieder Appetit?

Seit ungefähr sechs Monaten kann ich nicht mehr richtig essen. Wenn ich dann doch essen muss, schlinge ich irgendetwas lustlos herunter. Mein Hausarzt konnte allerdings nicht helfen. Wie bekomme ich wieder Appetit?

Marga W., Neu-Ulm

Körperliches Wohlbefinden und ein gesunder Appetit sind der Schlüssel zu einem erfüllten, ausgeglichenen Leben.

Thea: Die Ursache für Appetitlosigkeit liegt häufig in psychischen Problemen, die uns nicht bewusst sind. Irgendetwas schlägt Ihnen im wahrsten Sinne des Wortes auf den Magen. Ein Mittel, das in diesem Fall sofort wirkt, ist Wermut. Trinken Sie einfach jeden Abend ein kleines Gläschen (nicht zu viel, nur ein Schnapsglas voll!), und geben Sie ab und zu ein paar Tropfen Wermutöl in eine Duftlampe. Das regt den Appetit an. Um aber die Ursache für Ihr Problem zu finden und es auszumerzen, sollten Sie einmal einen Therapeuten aufsuchen.

Neben äußeren Anwendungen, Kuren und Reinigungsritualen ist auch auf eine gesunde Ernährung zu achten. Wählen Sie das, was Sie zu sich nehmen, sorgfältig aus, und bereiten Sie Ihre Speisen schonend zu, damit keine wertvollen Nährstoffe verloren gehen.

Entgiftung des Körpers und des Geistes

Für ein erfolgreiches und bewusstes, positives Leben ist es wichtig, Ihren Körper von Zeit zu Zeit zu entgiften und mit frischen Energien zu versorgen.
Sie werden sich danach wieder mit Energie geladen und attraktiver fühlen. Auch werden Sie voller neuer Erwartungen sein.
Machen Sie sich keine Sorgen, Sie müssen während Ihrer Entgiftungszeit weder hungern noch jeden Bissen genau abwiegen. Sie lassen nur endlich die Dinge weg, die sowieso nicht gut für Sie sind,

Vitamine wecken die Lebensgeister und sind wahre Energiespritzen für Geist und Körper.

und nehmen einige neue Lebensmittel in Ihren Speiseplan mit auf. Die besten Entgifter sind: Äpfel, Möhren, rote Beete, Sellerie, Weintrauben, Ananas, Papaya, Fenchel, Zitronen und Petersilie. Ergänzend dazu eignet sich ideal brauner Reis, der den Verdauungsapparat sanft reinigt.

Der Speiseplan

Vor dem Frühstück Eine Tasse heißes Wasser mit Saft von einer Biozitrone.

Frühstück Fruchtsalat aus frischen oder aus leicht gedünsteten Früchten oder zuckerfreies Müsli mit frischen Früchten, dazu jeweils Naturjoghurt oder Sojajoghurt. Oder pürieren Sie im Mixer ein Fruchtsmoothie aus Früchten Ihrer Wahl mit Naturjoghurt, und füllen Sie es mit Sojamilch bis zur gewünschten Konsistenz auf.

Zwischenmahlzeiten vormittags und nachmittags Frisch gepresster Saft aus den o.g. Gemüsen und Früchten; andernfalls Saft aus dem Bioladen oder Reformhaus.

Mittagessen und Abendessen Gemüsesuppen, gedünstetes Gemüse mit braunem Reis; gebackene Kartoffeln mit einem großen Salat; Salatteller mit kleinem Vollkornbrötchen.

- Zusätzlich sollten Sie täglich mindestens acht Gläser Wasser trinken. Falls Sie Mineralwasser verwenden möchten, sollten Sie eins mit wenig oder gar keiner Kohlensäure auswählen.
- Verzichten Sie während dieser Entgiftungsphase weitgehend auf Salz, Zucker, Alkohol, Koffein und Zigaretten. Trinken Sie Wasser, Kräuter- und Früchtetees und statt Bohnen- lieber Getreidekaffee.
- Muten Sie sich in den ersten Tagen nicht allzu viel zu. Ihr Körper kann bei dieser Umstellung eventuell mit leichten Beschwerden reagieren, die jedoch nur zeigen, dass Sie schon mitten im Entgiften sind. Bald werden Sie sich großartig fühlen.

Eine Entgiftungskur strengt den Körper an. Nehmen Sie sich dafür frei, oder nutzen Sie ein verlängertes Wochenende. Ideal ist eine Kur von ein bis drei Tagen.

Bewegungs- und Pflegeprogramm während Ihrer Entgiftung

Um ein optimales Ergebnis zu erzielen, sollten Sie das folgende Bewegungs- und Pflegeprogramm mit in Ihr Erneuerungsprogramm aufnehmen.

- Bürstenmassage des ganzen Körpers vor der morgendlichen Dusche. Beginnen Sie dabei immer in kreisenden Bewegungen von den Füßen zum Herzen hin.

- Beenden Sie den Duschvorgang immer damit, dass Sie sich kurz kalt abbrausen. Dies macht Sie frisch und bringt den Kreislauf in Schwung.
- Nehmen Sie einmal pro Woche ein Vollbad mit Epsom-Salz, oder rühren Sie aus Meersalz und Wasser eine Paste, mit der Sie den ganzen Körper abrubbeln.
- Versuchen Sie doch auch mal, sich einmal die Woche in eine Sauna oder ein Dampfbad zu begeben. Dies schützt nicht nur vor Winterkrankheiten, sondern gibt Ihrer Haut auch einen frischen und zarten Teint.
- Beginnen Sie den Tag mit einigen Strechingübungen oder dem Sonnengruß des Yoga.
- Treiben Sie – möglichst täglich – mindestens eine halbe Stunde lang Sport. Dabei können Sie Ihrer Kreativität freien Lauf lassen. Gehen Sie beispielsweise joggen, ins Schwimmbad, fahren Sie Rad, oder gehen Sie ins Fitnessstudio.

Mit ein paar Tricks können Sie sich wieder rasch fit machen. Es muss gar nicht aufwändig sein, den Kreislauf in Schwung zu bringen.

Trainieren Sie also regelmäßig, damit Sie gesund und beweglich bleiben. Ideal sind Übungen an der frischen Luft. Sie tanken dadurch reichlich Sauerstoff, und auch die Fettverbrennung wird draußen in der Natur stärker angekurbelt.

Fitness ist sehr wichtig für Körper und Seele. Tägliche Übungen bewirken wahre Wunder und tun enorm gut.

Magisches Entgiftungsritual für Körper, Geist und Seele

Zu guter Letzt empfehle ich Ihnen noch das nachstehende Ritual, um Ihr Entgiftungsprogramm vollständig abzuschließen.
Nehmen Sie ein Bad mit Meersalz und etwas Apfelessig. Entzünden Sie eine weiße Kerze, und visualisieren Sie, während Sie im warmen Wasser liegen, wie dieses Ihren ganzen Körper durchspült und auch die letzten Reste von Unreinheiten mit sich nimmt.
Nach dem Bad sollten Sie sich die Haare gründlich ausspülen. Benutzen Sie dazu etwas Meersalz und Wasser, das Sie in einer Glasflasche zuvor bereits vorbereitet haben. Stellen Sie sich dabei vor, wie dieses Wasser auch Ihre Gedanken reinigt und erfrischt.
Nachdem Sie aus der Badewanne gestiegen sind, ziehen Sie sich bequeme weiße Kleidung an und gehen zu dem Ort in Ihrer Wohnung, an dem Sie das Ritual durchführen möchten. Am besten eignet sich dazu ein speziell hergerichteter Raum, in dem Sie für die nächste Stunde nicht gestört werden können.

Probieren Sie es doch auch mal mit einer Lichtdusche: Schließen Sie die Augen, und stellen Sie sich vor, wie Sie von farbigen Strahlen gereinigt werden. Diese Übung können Sie schnell zwischendurch machen, wenn Sie neue Energie tanken wollen.

Durchführung des Rituals

Entzünden Sie zwei blau durchgefärbte Kerzen, und legen Sie einen Bergkristall dazwischen. Entzünden Sie eine Räucherkohle, und geben Sie eine Räuchermischung, bestehend aus Salbei und Lavendel, jeweils zu gleichen Teilen darauf. Atmen Sie einige Male tief ein und wieder aus. Spüren Sie, wie der Duft alle Zellen in Ihrem Körper durchdringt und alles Negative mit sich nimmt.
Nehmen Sie nun den Bergkristall in beide Hände, und versuchen Sie, sich vorzustellen, wie die Klarheit dieses Steines über Ihre Handflächen in Ihnen aufgenommen wird und sich ebenfalls in jeder Zelle Ihres Körpers verbreitet. Wenn Sie sich vollkommen rein, klar und durchflutet fühlen, beenden Sie das Ritual, indem Sie ein großes Glas Saft aus Zitrusfrüchten trinken. Am besten ist es, wenn Sie diesen selbst frisch zubereiten.
Wenn Sie anschließend auf die Toilette gehen müssen, versuchen Sie, sich vorzustellen, wie die letzten Reste von Unreinheiten schließlich herausgespült werden und Sie nun vollkommen frei von negativen Energien und Giften sind. Den Bergkristall legen Sie in den nächsten sieben Nächten unter Ihr Kopfkissen. Trinken Sie in diesem Zeitraum morgens ein Glas Saft aus Zitrusfrüchten.

Die einzelnen Wochentage

In der weißen Magie gilt, dass jeder einzelne Wochentag einer bestimmten Energie zugeordnet wird. Nutzen Sie diese Energien für Rituale, Zeremonien, Meditationen oder auch nur im Alltag. Sie werden bemerken, wie viel leichter Sie Ihrer täglichen Arbeit nachgehen können, wenn Sie diese Energien, Farben, Edelsteine, ätherischen Öle und Kräuter sinnvoll einsetzen. In *Theas Hexen-Kräuterbuch* finden Sie, welche Kräuter am besten zu Ihnen passen.

An den Einfluss, den der Mond auf uns nimmt, zweifelt heute kaum noch jemand. Wer seine Kraft unterstützen will, kann das mit Hilfe von Farben, Ölen, Edelsteinen und entsprechenden Kräutern tun.

Montag – Tag der Mondin / Intuition

Dieser Tag wird von der Mondin regiert. Die vom Mond regierten Tage und Stunden sind besonders günstig für Liebe, Versöhnungen, Empfängnis, weibliche Fruchtbarkeit, Reinigungsrituale und Kerzenzauber. Die Mondin lässt uns an diesem Tag nur ungern aus dem Bett. Lassen Sie den Tag daher ruhiger angehen.
Nehmen Sie sich am Abend auch nicht zu viel vor. Legen Sie sich lieber in die Badewanne mit entsprechenden Kräutern und Ölen, entspannen Sie, und Sie können beruhigt dem nächsten Tag entgegenschlafen.

Edelsteine
Die passenden Edelsteine des Tages sind der Amazonit, Aquamarin, Mondstein, Rauchquarz und Smaragd.

Kräuter
Die passenden Kräuterräucherungen sind Myrrhe, Zeder, Salbei, Kalmie, Basilikum.

Öle
Die passenden Öle für die Duftlampe oder zum Salben der Ritualkerzen sind Weihrauch, Musk, Drachenblut, Gardenie, Vanille, Rose und Cleopatra.

Farben
Die entsprechenden Farben sind Weiß, Silber, Hellgrau.

Dienstag – Tag des Mars / Kraft

Dieser Tag ist besonders mit Energie geladen. Wir sind arbeitswütig und besonders fleißig. Lange Liegengebliebenes wird erledigt. Auch können negative Bezauberungen und ungünstige Bedingungen in unserem Leben unwirksam gemacht werden. Dieser Wochentag eignet sich besonders für Kraftrituale, Räucherungen, Reinigungen und Meditation.

Hinter dem Wort »Dienstag« verbirgt sich der Name des Wärme spendenden Himmel- und Sonnengottes Tyr aus der germanischen Mythologie.

Edelsteine
Die entsprechend zugeordneten Edelsteine sind der Amethyst, Bergkristall, Howlith, Jaspis rot, Rubin, Karneol, Turmalin, Achat.

Kräuter
Die passenden Kräuterräucherungen sind Jasmin, Eisenkraut, Rosmarin und Ingwer.

Öle
Die passenden Öle für die Duftlampe oder zum Salben der Ritualkerzen sind Johanniskraut, Jasmin, Lotus, Nelke, Angel Oil und Pfefferminzöl.

Duftöle schaffen eine anregende Stimmung und können in den verschiedenen Duftrichtungen bei nahezu jeder Gelegenheit passend angewendet werden.

Farben
Die entsprechenden Farben sind Rot, Violett und Kupfer.

Mittwoch – Tag des Merkurs / Kommunikation

Der Mittwoch ist der Tag der Gerechtigkeit, Kommunikation, des Ausgleichs. Er ist gut für Erfolg, Verträge, Anlagegeschäfte, Prüfungen, Prozesse. Diese Energien sind auch gut für Bezauberungen, zur Eroberung eines Partners, günstig für Aussprachen, Bekenntnisse, Briefe.

Der Mittwoch wurde ursprünglich nach dem Gott Wotan benannt, was im Deutschen im Laufe der Zeit verschwunden ist. Der Donnerstag ist in der germanischen Mythologie mit dem Axt schwingenden Gott Thor verbunden.

Edelsteine
Die entsprechend zugeordneten Edelsteine für den Tag des Merkurs sind Achat, Aventurin, Jade, Bergkristall, Lapislazuli, Boji-Steine, Karneol und Tigerauge.

Kräuter
Die passenden Kräuterräucherungen sind Orangenblüten, Ingwer, Mastix, Zimt, Drachenblut und Success Powder.

Öle
Die passenden Öle für die Duftlampe oder zum Salben der Ritualkerzen sind Johanniskraut, Lavendel, Pfefferminze, Ylang-Ylang und das bewährte Success Oil.

Farben
Die entsprechenden Farben sind Königsblau, Dunkelblau, Türkis.

Donnerstag – Tag des Jupiters / Glück

Dieser Wochentag eignet sich besonders gut für Bank- und Geldgeschäfte. Es ist der Tag des Glücks. Er ist gut für Rituale und Zeremonien, die Vermögen, Ehre und Ansehen bringen sollen. Ebenso ist er gut für Gesundheits- und Fruchtbarkeitsrituale.
Tätigen Sie an einem Donnerstag alle Bank- und Geldgeschäfte, oder füllen Sie einfach mal wieder einen Lottoschein mit Ihren Lieblingszahlen aus.

Edelsteine
Die entsprechend zugeordneten Edelsteine sind Saphir, Türkis, Obsidian, Jade, Smaragd, Achat, Bernstein und Zirkon.

Kräuter
Die passenden Kräuterräucherungen sind Sandelholz, Johanniskraut, Ingwer, Katzenminze, Muskatnuss, Patschuli und Better Business Powder.

Ebenfalls auf die altnordische Mythologie geht das Wort »Freitag« zurück. Dahinter verbirgt sich die Göttin Freya, die Ur- und Erdmutter der germanischen Götter.

Öle
Die passenden Öle für die Duftlampe oder zum Salben der Ritualkerze sind Muskat, Jasmin, Bergamotte, Pfefferminze, Vetiver, Zimt und das bewährte Big Money Oil.

Farben
Die entsprechenden Farben sind Dunkelgrün, Hellgrün und Orange.

Freitag – Tag der Venus / Liebe, Harmonie, Vertrauen, Familie

Das ist der Tag der Rendezvous, der Liebe, Familientreffen, auch der Affären und Seitensprünge; ein guter Tag für Liebesrituale, Treuerituale, Schönheitsrituale, Freundschafts- und Harmonierituale. Treffen Sie sich an diesem Tag mit Ihrem Liebsten, gestalten Sie Ihre Umgebung dazu in harmonischen Farben und Düften, verbringen Sie einen harmonischen Abend im Kreise Ihrer Liebsten. In meinem Buch *Theas Kochbuch für Hexen* finden Sie entsprechende kulinarische Rezepte, die Sie in Hochform bringen. Denken Sie dabei auch an entspannende, erotische Musik, z. B. *Theas MAGIC LOVE*.

Steine
Die entsprechend zugeordneten Edelsteine sind Rosenquarz, Bernstein, Citrin, Aquamarin, Rubin, Smaragd und Zirkon.

Kräuter
Die passenden Kräuterräucherungen sind Rosenblüten, Jasmin, Apfelblüte, Ambra, Moschus, Majoran und Fire of Love Powder.

Öle

Die passenden Öle für die Duftlampe oder zum Salben der Ritualkerzen sind Jasmin, Veilchen, Lavendel, Patschuli, Cleopatra Oil, Venus Oil und unser bewährtes Come to me Oil!

Farbe

Die entsprechenden Farben sind Rot, Rose, Aprikot und Flieder.

Die antike Bedeutung des Samstags geht auf den römischen Gott Saturn zurück. Im englischen Wort »Saturday« lebt diese Zuordnung noch fort.

Samstag – Tag des Saturn / Reinigung, Auflösung, Auseinandersetzungen

Das ist der Tag der Wahrheit. Wir haben das Bedürfnis zu säubern, zu reinigen und uns auseinander zu setzen, uns zu konfrontieren. Gehen Sie an diesem Tag jedem Streit, jeder Auseinandersetzung und Verträgen, die Sie eventuell binden würden, auf jeden Fall aus dem Weg! Nutzen Sie lieber die Energie, um zu reinigen, zu entrümpeln, lange Liegengebliebenes aufzuräumen und an sich selbst Schönheitspflege zu betreiben! Vermeiden Sie an diesem Tag Streitereien, Verpflichtungen und Auseinandersetzungen.

Rituale und entsprechende Hilfsmittel sollten am besten an den geeigneten Wochentagen zum Einsatz kommen – dann wirken sie am stärksten.

Steine

Die entsprechend zugeordneten Edelsteine sind Chalcedon, Bergkristall, schwarzer Turmalin, Peridot, Selenit und Azurit.

Kräuter

Der Sonntag ist aufgrund seiner vitalisierenden Eigenschaften besonders gut geeignet für Schutz- und Heilrituale.

Die passenden Kräuterräucherungen sind Basilikum, Lorbeer, Weihrauch, Sandelholz, Myrrhe, Rosmarin, Salbei, Citronella und unser bewährtes Protection Powder.

Öle

Die passenden Öle für die Duftlampe oder zum Salben der Ritualkerzen sind Sandelholz, Weihrauch, Kiefer, Lotus, Rose, Wacholder, Zimt und unser bewährtes Protection Oil.

Farben

Die entsprechenden Farben sind Braun, Schwarz und Kupfer.

Sonntag – Tag der Sonne / Erneuerung, Gesundheit, Harmonie, Ehre und Ansehen

Das ist der Tag, an dem Sie wieder Kraft und Energie aufladen können. Gehen Sie in die Natur, sprechen Sie mit Ihrem Lieblingsbaum, oder meditieren Sie einfach nur in der Natur. Spüren Sie sich selbst, und gehen Sie mal wieder auf die Bedürfnisse Ihrer Lieben ein. Sie werden wahre Wunder erleben! Sind Sie unzufrieden mit sich selbst, so tanken Sie einfach für einige Minuten die Kraft der Sonne, und visualisieren Sie die wärmenden Strahlen in Ihrem Körper als wohltuend und Krafttankstelle für Ihren Körper!

Edelsteine

Die entsprechenden Edelsteine sind Bergkristall, Diamant, Rubin, Citrin, Turmalin, Jaspis, Boji-Steine, Türkis und der Mondstein.

Kräuter

Die passenden Kräuterräucherungen sind Orangenblüten, Jasmin, Lorbeer, Thymian, Eisenkraut, Nelke, Rosenblüten, Salbei, Rosmarin, Lavendel, Flieder und unsere bewährte Angel-Räucherung.

Öle

Die passenden Öle für die Duftlampe oder zum Salben der Ritualkerzen sind Bergamotte, Drachenblut, Flieder, Kiefer, Schafgarbe, Wacholder, Ylang-Ylang und unser bewährtes Angel Oil.

Farben

Die entsprechenden Farben sind Zitronengelb, Weiß und Gold.

Die Regenten der Tage und Stunden

Wochentag → Regent d. Tages → Std.	Uhrzeit	So Sonne	Mo Mond	Di Mars	Mi Merkur	Do Jupiter	Fr Venus	Sa Saturn
1.	0–1	Sonne	Mond	Mars	Merkur	Jupiter	Venus	Saturn
2.	1–2	Venus	Saturn	Sonne	Mond	Mars	Merkur	Jupiter
3.	2–3	Merkur	Jupiter	Venus	Saturn	Sonne	Mond	Mars
4.	3–4	Mond	Mars	Merkur	Jupiter	Venus	Saturn	Sonne
5.	4–5	Saturn	Sonne	Mond	Mars	Merkur	Jupiter	Venus
6.	5–6	Jupiter	Venus	Saturn	Sonne	Mond	Mars	Merkur
7.	6–7	Mars	Merkur	Jupiter	Venus	Saturn	Sonne	Mond
8.	7–8	Sonne	Mond	Mars	Merkur	Jupiter	Venus	Saturn
9.	8–9	Venus	Saturn	Sonne	Mond	Mars	Merkur	Jupiter
10.	9–10	Merkur	Jupiter	Venus	Saturn	Sonne	Mond	Mars
11.	10–11	Mond	Mars	Merkur	Jupiter	Venus	Saturn	Sonne
12.	11–12	Saturn	Sonne	Mond	Mars	Merkur	Jupiter	Venus
13.	12–13	Jupiter	Venus	Saturn	Sonne	Mond	Mars	Merkur
14.	13–14	Mars	Merkur	Jupiter	Venus	Saturn	Sonne	Mond
15.	14–15	Sonne	Mond	Mars	Merkur	Jupiter	Venus	Saturn
16.	15–16	Venus	Saturn	Sonne	Mond	Mars	Merkur	Jupiter
17.	16–17	Merkur	Jupiter	Venus	Saturn	Sonne	Mond	Mars
18.	17–18	Mond	Mars	Merkur	Jupiter	Venus	Saturn	Sonne
19.	18–19	Saturn	Sonne	Mond	Mars	Merkur	Jupiter	Venus
20.	19–20	Jupiter	Venus	Saturn	Sonne	Mond	Mars	Merkur
21.	20–21	Mars	Merkur	Jupiter	Venus	Saturn	Sonne	Mond
22.	21–22	Sonne	Mond	Mars	Merkur	Jupiter	Venus	Saturn
23.	22–23	Venus	Saturn	Sonne	Mond	Mars	Merkur	Jupiter
24.	23–24	Merkur	Jupiter	Venus	Saturn	Sonne	Mond	Mars

Diese Angaben beziehen sich auf die Winterzeit; im Sommer müssen Sie also immer eine Stunde dazu rechnen.

Die einzelnen Mondphasen

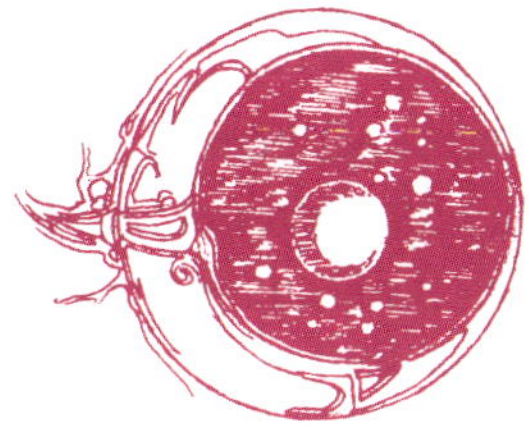

Der Mond ist eine weibliche und damit intuitive Kraft, mit deren Hilfe Sie Ihren Alltag leichter bewältigen können. Seine Wanderung um die Erde beträgt etwa 29 Tage, während der wir den Mond als Neumond, zunehmenden Mond, Vollmond und abnehmenden Mond erleben.

Von der Wissenschaft wurde lange abgestritten, dass der Mond auf Körper und Psyche des Menschen einwirkt. Erst in letzter Zeit werden vor allem die Einflüsse der Mondphasen genauer untersucht.

Die Grundregeln der vier Mondphasen

- **Der Neumond** ist die Zeit des Neubeginns, der Pläne und Vorsätze und des Loslassens.

- **Der zunehmende Mond** ist die Zeit des Aufbaus, des Kräftesammelns und des Einatmens. Während er sich in dieser Phase befindet, wirkt er nährend und heilend.

- **Der Vollmond** ist die Zeit der Kraft, der Erfüllung und Vollendung. Er heilt bei Erschöpfung, regt an und hat einen starken Einfluss auf unsere Emotionen.

- **Der abnehmende Mond** ist die Zeit des Loslassens, des Niederreißens und des Ausatmens. Er wirkt aktivierend, reinigend und reduzierend auf allen Ebenen.

Nutzen Sie die verschiedenen Phasen für Ihr Wohlbefinden

- Nutzen Sie den zunehmenden Mond, um sich zu erholen, zu schonen, zu entspannen und Energie zu speichern. Diese Phase wirkt regenerierend.

- Bei abnehmendem Mond drehen Sie dann auf. Seien Sie während dieser Mondphase aktiv. Es ist die ideale Zeit, um eine Diät zu beginnen. Treiben Sie viel Sport.

Alle Neuanfänge sind bei Neumond begünstigt. Jetzt ist der richtige Zeitpunkt gegeben, um einen Fasttag einzulegen oder damit zu beginnen, schlechte Gewohnheiten aufzugeben.

- Die zwei Tage des Neumonds sind wie beim abnehmenden Mond ebenfalls ideal, um eine Diät zu beginnen oder auch für Fastentage. Ihr Körper wird entgiftet und entschlackt, und Sie fühlen sich wie neugeboren. Sie werden es sicher bald merken, dass Sie sich durch ein Leben nach dem Mond besser fühlen.

Auch Ihre Gesundheitspflege, Ihren Haushalt usw. können Sie nach dem Mond ausrichten.

Der Neumond

Der Neumond hat im Großen und Ganzen eine sehr starke destruktive Kraft. Alles, was Sie sich an einem solchen Tag innigst wünschen, wird vom Neumond in umgekehrte Bahnen gelenkt. Das heißt, wenn Sie z. B. ein großes Liebesritual durchführen, wird der Neumond die dabei entstehende Energie ins Negative umdrehen und die Liebe nicht gerade verstärkt anziehen. Doch gerade darum geht es bei einem solchen Ritual.

Wenn Sie allerdings ein bestimmtes Ritual mehrere Tage hintereinander durchführen, sollten Sie es auch an einem Neumondabend nicht unterbrechen. In diesem Fall hat der Neumond nicht viel Einfluss, da die einzelnen Ritualhandlungen sehr stark wirken.

Wenn Sie trotzdem die Kraft des Neumonds mittels eines Rituals voll erleben wollen, halten Sie an einem solchen Abend oder in entsprechender Nacht ein Ritual für Wünsche und Ziele ab, die das Loslassen oder die Trennung von Dingen, Personen oder Vorstellungen betrifft. Ein solches Ritual ist in einer Neumondnacht äußerst erfolgreich und gibt dann auch wieder neue Energie für aufbauende Ziele.

- Zünden Sie eine weiße und eine grüne Kerze an, und ölen Sie sie mit Angel Oil und dem ätherischen Öl Basilikum.
- Räuchern Sie dazu mit etwas Weihrauch.
- Während die Kerzen und die Räucherung brennen, meditieren Sie über Dinge, die Sie gerne loswerden möchten. Stellen Sie sich dabei vor Ihrem geistigen Auge vor, wie alles Schlechte und Hinderliche von Ihnen geht und Sie sich danach wieder frei fühlen.

Der Mond beeinflusst uns unterschwellig. Wenn wir uns mit unseren Tätigkeiten an seinen Phasen orientieren, wird seine Wirkung verstärkt.

Ritual bei Neumond

Sie haben Liebeskummer? Er / sie spukt noch immer in Ihrem Kopf herum? Oder Ihr neuer Nachbar geht Ihnen auf die Nerven? Warten Sie bis Neumond, und Sie erzielen die besten Ergebnisse.

- Fasten Sie den ganzen Tag über. Nehmen Sie ausschließlich Obst- und Gemüsesäfte zu sich.
- Um Mitternacht begeben Sie sich an Ihren Ritualplatz und entzünden auf Ihrem Altar eine weiße Kerze. Bereiten Sie zuvor etwas Neumondwasser vor. Dazu gießen Sie etwas Wasser in eine Glasflasche und setzen diese für einige Stunden der Neumondenergie aus.
- Entzünden Sie auch eine Räucherkohle, und legen Sie diese in Ihr Räuchergefäß. Geben Sie darauf etwas Salbeiräucherwerk. Atmen Sie den Rauch tief ein, und blicken Sie zum Himmel.
- Sprechen Sie dabei Ihren Wunsch laut aus, lassen Sie ihn emporsteigen.
- Trinken Sie das vorbereitete Mondwasser, und visualisieren Sie dabei, wie das, was Sie loswerden möchten, sich einfach auflöst und die darin gebundene negative Energie Sie verlässt.

Der Neumond fördert die Selbstheilungskräfte des menschlichen Organismus und seine Entgiftungsbereitschaft. Die Psyche wird angeregt und die Willenskraft verstärkt.

Der zunehmende Mond

Pflanzen, deren Früchte, Blüten, Stängel oder Blätter für magische Zwecke benötigt werden, sollten bei zunehmendem Mond gesammelt werden. Diese Mondphase ist deshalb so ideal, da zu dieser Zeit die Pflanzensäfte nach oben steigen.

Ritual bei zunehmendem Mond

Wachstum und Aufnahme sind jetzt bestimmend. Es ist die beste Zeit, um Körper und Seele mit kräftigenden und aufbauenden Maßnahmen zu unterstützen.

Ihr Konto ist überzogen? Oder der / die neue Mann / Frau in Ihrem Leben kann sich nicht so recht entscheiden? Lassen Sie die positiven Kräfte des zunehmenden Mondes für sich arbeiten.

- Beginnen Sie den Ritualtag mit gesunder und fettarmer Kost, denn auch Ihr Körper neigt in dieser Zeit zum Zunehmen.
- Nehmen Sie für Geld- und Erfolgsrituale eine grüne Kerze und für mehr Liebe eine rote.
- Laden Sie in der Nacht zuvor in einem Glasgefäß Wasser im Licht des zunehmenden Mondes auf.
- Entzünden Sie die entsprechende Kerze und eine Räucherkohle.
- Legen Sie diese in Ihren Räucherkessel, und geben Sie Lorbeer bei Geldangelegenheiten oder Jasmin und Sandelholz bei Liebeswünschen dazu.
- Blicken Sie zum Mond empor, und teilen Sie der Mondgöttin Ihre Wünsche mit. Sie können dies auch im Rahmen eines Mondgebetes machen. Ihrer Phantasie sind dabei keine Grenzen gesetzt.
- Meditieren Sie einige Zeit mit der großen Mondin, und trinken Sie zum Abschluss das Mondwasser in kurzen, kräftigen Zügen.
- Wenn es sich um ein Liebesritual handelt, essen Sie einen saftigen, frischen Apfel. Behalten Sie einen Apfelkern zurück, und stecken Sie diesen Ihrem Liebsten heimlich in die Jackentasche.
- Bei Erfolgsritualen behalten Sie ein Lorbeerblatt zurück und bewahren dieses nach dem Ritual in Ihrem Portemonnaie auf.

Das Mondritual der Hexen bei zunehmendem Mond

Die weisen Frauen, die Heilerinnen und Hexen kannten den Rhythmus der großen Mondin. Ihre Zusammenkünfte waren immer in einer Vollmondnacht, da dann die Kraft der Mondin am stärksten ist und sich am wirkungsvollsten überträgt. Die ausgewählte Priesterin

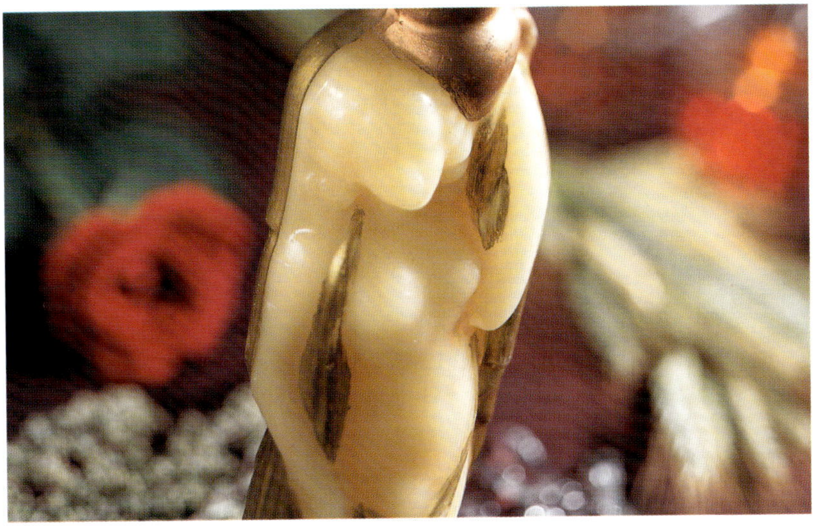

Stellen Sie auf Ihren Altar eine Figur Ihrer Göttin, und verteilen Sie die Gaben um sie herum.

ruft die große Mondin an. Sie wird als dreifache Mutter verstanden, deren Aspekte in einer Gestalt verkörpert sind: als jungfräuliche Mutter, als Mutter-Geliebte und als Herbstgöttin. Vollziehen Sie das nachstehende Ritual am besten bei zunehmendem Mond.

- Stellen Sie eine Schale mit Getreidekörnern auf Ihren Altar.
- Füllen Sie einen mittelgroßen Kessel mit Erde, und stellen Sie diesen ebenfalls auf den Altar.
- In die Mitte stellen Sie eine silberne durchgefärbte Kerze. Alternativ können Sie auch eine weiße Kerze verwenden.
- Nachdem sich alle Teilnehmer versammelt haben, beginnt die Priesterin mit einer Atemmeditation. Dazu fassen sich alle Teilnehmer an der Hand und versuchen, sich auf eine gemeinsame Atemfrequenz einzustimmen. Alle Teilnehmer schließen ihre Augen, und die Hohepriesterin beginnt mit der Anrufung:

Oh große Mondgöttin,
nun ist die Zeit gekommen,
die Zeit des Neubeginns, der Schöpfung
und des Erwachens!

Die Zeit der Umwandlung ist gekommen,
möge sie für Wandel und Wachstum stehen
und unsere Wege leiten und behüten.
Oh große Mondgöttin!

Die Phase des zunehmenden Mondes eignet sich bestens für alle therapeutischen Maßnahmen, beispielsweise für Heil- und Kräftigungskuren. Medikamente und Vitamine werden jetzt besonders gut aufgenommen.

- Anschließend wird ein Reinigungsritual oder ein Schutzritual durchgeführt. Meist kehrt dazu die Hohepriesterin den Kreis um das magische Feuer mit einem Besen symbolisch aus. Die Hohepriesterin nimmt nun die Schale mit dem Getreide und geht die Teilnehmer reihum ab.
- Bei jedem Teilnehmer bleibt Sie stehen und spricht:

Was willst du mit der Mondin pflanzen?

- Jeder Teilnehmer beschreibt laut, welche Vorhaben er im kommenden Monat hat und welche Hoffnungen und Wünsche sich erfüllen sollen.
- Die Hohepriesterin visualisiert dieses Bild vor Ihrem geistigen Auge und spricht:

Der Segen der großen Mondin, gewähre es!

Jetzt wirken starke Energien auf Körper und Psyche. Somit ist eine gute Gelegenheit gegeben, seelische Konflikte und psychosomatische Störungen zu erkennen.

- Jeder Teilnehmer nimmt anschließend einen oder mehrere Samenkörner aus der Schale und geht zu dem Altar, wo sich der mit Erde gefüllte Kessel befindet.
- Das Samenkorn wird dann in den Kessel gepflanzt. Dabei visualisiert der Teilnehmer noch einmal seine Hoffnungen und Wünsche, die er damit verbindet.
- Nachdem alle Teilnehmer ihre Wünsche geäußert haben, fassen sich alle wieder an der Hand und konzentrieren sich auf den Kessel. Stellen Sie sich vor, wie ein gewaltiger violetter Strahl von der großen Mondin direkt in den Kessel fließt und diesen mit energetischer Kraft füllt.
- Nun ist das Ritual beendet. Verzehren Sie am besten etwas Sabbatkuchen, oder trinken Sie Hexenwein, die Sie speziell für diesen Abend vorbereitet haben.

Der Vollmond

Sammeln Sie in dieser Mondphase zu den entsprechenden Jahreszeiten besonders Thymian, Bärlapp, Lavendel und Basilikum. Diese Kräuter entwickeln bei Vollmond ihre stärkste Kraft und haben zu der Zeit ihre heilkräftigste Wirkung.

Der Vollmond löst in uns geheime Veränderungen aus. Starke Gefühle beherrschen Körper und Seele.

Ritual bei Vollmond

Sie sind erschöpft und ohne Energie? Warten Sie bis zum nächsten Vollmond. Nutzen Sie die Zeit des zunehmenden Monds, um sich mit gesunder Kost und reichhaltiger Pflege zu verwöhnen.

- Bereiten Sie sich zunächst wieder einige Stunden vor dem eigentlichen Ritual Vollmondwasser zu. Nehmen Sie dazu herkömmliches Wasser, und gießen Sie dieses in ein Glasgefäß. Stellen Sie es für ein paar Stunden in das Mondlicht.
- Entzünden Sie eine silberfarbene Kerze, und räuchern Sie mit etwas Basilikum in Ihrem Räucherkessel.
- Breiten Sie Ihre Arme aus, und strecken Sie sie in Richtung Vollmond. Nehmen Sie seine stärkende Kraft auf, und schließen Sie dabei Ihre Augen. Versuchen Sie, Kontakt zwischen sich und der großen Mondgöttin aufzunehmen.
- Visualisieren Sie vor Ihrem geistigen Auge, wie Sie mit neuer Energie geladen werden. Spüren Sie, wie Sie vor neuen Ideen und Tatendrang geradezu sprudeln. Sprechen Sie ein Mondgebet:

Oh große Mondgöttin!
Gib mir Kraft und Stärke,
Energie und Leistung.
Behüte mich vor schlechten Entscheidungen
und zeige mir deine Stärke und Liebe.
Oh große Mondgöttin!

Die Vollmondphase ist eine Zeit besonders starker Gefühle und Leidenschaften. Jetzt brechen auch bisher verborgene Aggressionen hervor und können zu unbedachten Handlungen führen.

Jetzt ist die Zeit der Mondsüchtigen, die sich in den Nächten aus dem Bett erheben und schlafwandeln. Verletzungen sind besonders schmerzhaft, alle Wunden bluten stärker und länger.

- Trinken Sie zum Beenden des Rituals einen Kamillentee, und legen Sie eine Ingwerwurzel unter Ihr Kopfkissen. Diese Wurzel wird Ihnen neue Kraft schenken.

Das Mondritual der Hexen bei Vollmond

Natürlich müssen Sie das Mondritual nicht zwangsweise bei zunehmendem Mond durchführen. Sie können dies alternativ auch bei Vollmond tun oder auch mal abwechselnd.
Die Hohepriesterin beginnt wieder mit der Atemmeditation. Danach folgt die Anrufung:

Oh große Mondgöttin!
Die Zeit der Fülle und Kraft ist gekommen.
Erfülle uns mit deiner Energie!

Verströme Deine Liebe, und erfülle uns mit deinen Gaben!
Schenke uns deine Früchte, die Ernte unserer Saat.

Oh große Mondgöttin!

Nun wird wieder ein Reinigungs- oder Schutzritual durchgeführt, um die Teilnehmer und den magischen Kreis zu schützen und von negativen Energien zu befreien.

- Daraufhin tritt ein Teilnehmer nach dem anderen in die Mitte des Kreises.
- Die Hohepriesterin gibt jedem einen Kuss auf die Stirn und ruft laut seinen Namen aus. Die anderen Teilnehmer wiederholen diesen singend und visualisieren, wie ein silberfarbener Strahl von der großen Göttin in den so besungenen Teilnehmer fließt.
- Die anderen berühren nacheinander ihre »Schwester« bzw. ihren »Bruder« und erfüllen sie/ihn dadurch mit Kraft und Fülle.
- Nachdem alle Teilnehmer energetisch aufgeladen wurden, ist die Zeremonie beendet, und der Kreis kann wieder aufgehoben werden.
- Verzehren Sie etwas Sabbatkuchen, oder trinken Sie Hexenwein, die Sie speziell für diesen Abend vorbereitet haben.

Der abnehmende Mond

Da in dieser Mondphase die Säfte der Pflanze im Wurzelwerk gespeichert sind, sollten Sie bei abnehmendem Mond besonders Pflanzenwurzeln und Baumwurzeln sammeln. Die Substanzen sind dann besonders wirksam.

Ritual bei abnehmendem Mond

Diese Zeit der Mondphase eignet sich hervorragend, um eine Diät zu beginnen oder um alles Überflüssige loszuwerden.

- Trinken Sie bereits den ganzen Tag über Mondwasser, das Sie in der Nacht zuvor aufgeladen haben. Ergänzend dazu empfehle ich Ihnen noch Entschlackungstees, die es im Naturkostladen zu kaufen gibt. Alternativ können Sie auch einen Mondphasentee verwenden.
- Entzünden Sie eine orangefarbene Kerze. Diese symbolisiert Ihre Entschlossenheit, Ihr gesetztes Vorhaben durchzuhalten.
- Setzen Sie sich im Schneidersitz auf den Boden, und blicken Sie zu dem abnehmenden Mond. Nehmen Sie ganz bewusst mit ihm Verbindung auf, und bitten Sie die große Mondgöttin, dass sie Sie bei Ihrem Vorhaben unterstützt.
- Entzünden Sie eine Räucherkohle, und geben Sie etwas Majoran zum Räuchern dazu.
- Meditieren Sie über die seelischen Ursachen. Warum wollen Sie beispielsweise Ihre Pfunde loswerden bzw. wie konnte es erst dazu kommen, dass es so viele geworden sind?
- Nehmen Sie einen Amethyst zur Hand, und legen Sie ihn in beide Hände. Bleiben Sie für etwa eine Viertelstunde in dieser Position, und versuchen Sie, sich dabei voll auf Ihre Absichten zu konzentrieren.

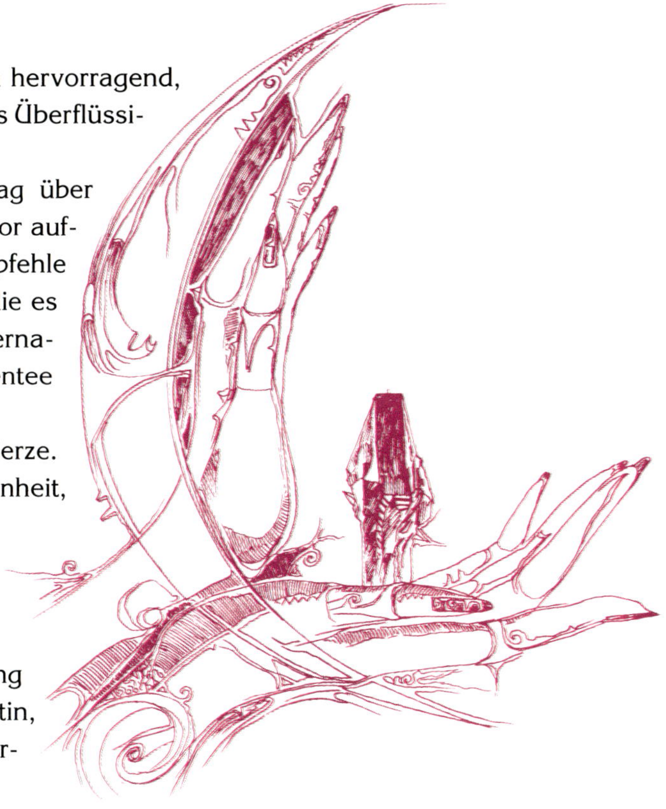

Die Impulse sind jetzt auf Abgabe, Aktivität und Kraftentfaltung gerichtet. Die körperliche und geistige Leistungsfähigkeit ist erhöht, vieles gelingt leichter.

Das Mondwissen zu nutzen ist Aufgabe jeder modernen Hexe. Durch den besonderen Einfluss des Mondes gelingen Zauber besser.

Legen Sie für die nächsten Nächte einen Amethyst, einen Sodalith und Räucherquarz neben Ihr Kopfkissen. Diese helfen Ihnen, die seelischen Ursachen zu erkennen, und wirken entsprechend auf körperlicher Ebene.

Das Mondritual der Hexen bei abnehmendem Mond

Wie auch bereits bei den vorangegangenen Mondritualen beginnt die Gruppe wieder mit einer Atemmeditation.
Nun folgt die Anrufung:

Bei abnehmendem Mond gelingen chirurgische Eingriffe am besten. Komplikationen treten seltener auf, und die Wunden verheilen besser.

Oh große Mondgöttin!
Die Zeit von Anfang und Ende ist gekommen,
die Geheimnisse werden enthüllt.

Sichtbar wird, was unsichtbar war.
Ruhe und Stille, Genuss und Leidenschaft.
Alles wird möglich.
Oh große Mondgöttin!

Nach dieser Anrufung wird ein Reinigungs- oder Schutzritual durchgeführt. Legen Sie in die Mitte des Kreises einen Meditationskristall oder eine Kristallkugel. Bei diesem Ritual benötigen Sie keine Kerzen auf dem Altar. Zumindest sollte diese nicht entzündet werden. Nun stimmen sich alle Teilnehmer in einen rituellen Gesang ein:

Eko Eko Azarek
Eko Eko
Eko Eko

Versuchen Sie anschließend wieder einen Strahl aus silberfarbenem Licht von der großen Mondin in die Kristallkugel oder den Meditationsstein zu lenken. Wenn sich alle Teilnehmer in ausreichender Stärke darauf konzentrieren, können Visionen und Trancetänze neue Möglichkeiten und Chancen aufweisen.

Der Steinbock ist besonders vom 23. Dezember bis zum 20. Januar aktiv, da in dem Zeitraum die Sonne das Zeichen durchläuft. Vom 21. Januar bis zum 18. Februar ist die Sonne im Wassermann.

Mondphasen in den Sternzeichen

In jedem Mondkalender – aber auch in meinem Hexenkalender – können Sie sehen, welches Tierkreiszeichen die Mondin gerade durchläuft. Hier eine kurze Auflistung mit Deutungen.

Mond im Steinbock

Der Steinbock steht von Juli bis Januar im zunehmenden und von Januar bis Juli im abnehmenden Mond. Sein Element ist Erde. Für den Steinbock stehen Eigenschaften wie Normalität, Struktur, das Gesetz und das Wesentliche. Der Herrscherplanet des Steinbocks ist der Saturn. Treffen Sie an diesen Tagen wichtige Entscheidungen. Bankgeschäfte und die Verwirklichung von neuen Ideen stehen hier ebenfalls unter einem guten Stern.

Mond im Wassermann

Der Wassermann steht von August bis Februar im zunehmenden und von Februar bis August im abnehmenden Mond. Sein Element ist Luft. Ihm werden Eigenschaften wie die Aufhebung von Gegensätzen, Veränderung, Loslösung, Leichtigkeit und Harmonie

Vom 19. Februar bis zum 20. März ist die Sonne in den Fischen und vom 21. März bis zum 20. April im Widder. Vom 21. April bis zum 21. Mai ist sie im Stier. In der Zeit sind diese Zeichen aktiv.

zugesprochen. Der Herrscherplanet des Wassermanns ist der Uranus. Zukunftspläne, Neuanfänge und neue Ideen sollten an diesen Mondtagen geschmiedet werden. Übertreiben Sie es aber nicht! Jetzt ist auch der richtige Zeitpunkt gekommen, sich von alten Mustern zu lösen und schlechte Eigenschaften loszuwerden.

Mond in den Fischen

Die Fische stehen von September bis März im zunehmenden und von März bis September im abnehmenden Mond. Ihr Element ist Wasser. Eigenschaften wie Auflösung, Chaos und das Erkennen von Zusammenhängen sind typisch für sie. Der Herrscherplanet der Fische ist der Neptun. Jetzt sind Sie voller neuer Ideen und Visionen. Während dieser Zeit haben Sie revolutionäre Pläne und wollen versuchen, diese umzusetzen. Wägen Sie aber das Für und Wider ab, da Sie sonst die Sache als Ganzes nicht im Überblick haben.

Mond im Widder

Der Widder ist von Oktober bis April im zunehmenden und von April bis Oktober im abnehmenden Mond. Sein Element ist Feuer. Eigenschaften, die für ihn stehen, sind Energie, Impuls, Tatendrang und Durchsetzung. Der Herrscherplanet des Widders ist der Mars. Ihm werden auch unersättliche Energie, Pioniergeist und Handlungswut zugesprochen. Setzen Sie sich an diesen Tagen viel dem Tageslicht aus, seien Sie ausgeschlafen und wachsam, verzichten Sie auf Koffein und andere Aufputschmittel.

Mond im Stier

Der Stier steht von November bis Mai im zunehmenden und von Mai bis November im abnehmenden Mond. Sein Element ist Erde. Eigenschaften, die dem Stier entsprechen, sind Abgrenzung, Produktion, Sicherheit und Wahrnehmung der eigenen Sinne. Der Herrscherplanet des Stiers ist die Venus. Gehen Sie, sofern möglich, an Stiertagen zum Zahnarzt, rauchen Sie weniger, und achten Sie an diesem Tag ganz besonders auf Ihre Gesundheit. An diesen Tagen sind Sie leicht anfällig für Erkältungskrankheiten.

Mond in den Zwillingen

Die Zwillinge stehen von Dezember bis Juni im zunehmenden und von Juni bis Dezember im abnehmenden Mond. Ihr Element ist Luft. Für sie stehen Intellekt, Kommunikation, Sprache und Individualität. Der Herrscherplanet der Zwillinge ist der Merkur. An Zwillingetagen sollten Sie alle Dinge durchführen, die ein gutes Verhandlungsgeschick und Sprachbegabung erfordern. Gehen Sie an solchen Tagen beispielsweise zur Bank oder auf ein Amt. Treiben Sie auch viel Sport, und ernähren Sie sich bewusst.

Vom 22. Mai bis zum 21. Juni ist die Sonne in den Zwillingen und vom 22. Juni bis zum 22. Juli durchwandert sie den Krebs. In der Zeit sind diese Zeichen besonders aktiv.

Mond im Krebs

Der Krebs steht von Januar bis Juli im zunehmenden und von Juli bis Januar im abnehmenden Mond. Sein Element ist Wasser. Der Krebs steht für Seele, Gleichgewicht, Häuslichkeit, Mütterlichkeit und Fruchtbarkeit. Der Herrscherplanet des Krebses ist der Mond. Ruhen Sie sich an solchen Mondtagen aus, und versuchen Sie, nicht allzu viel zu unternehmen. Widmen Sie sich an diesen Tagen lieber Ihrer Familie und Ihren Liebsten. Fastenkuren und Diäten sollten an diesen Tagen begonnen werden. Wie wäre es beispielsweise mit einem gemütlichen Spaziergang im Park?

Der Krebs wird besonders durch den Mond beeinflusst, da dieser sein Herrscherplanet ist. Hier hat der Mond seine ganze Kraft.

Vom 23. Juli bis zum 23. August wandert die Sonne durch das Zeichen Löwe, vom 24. August bis zum 23. September durch die Jungfrau und vom 24. September bis zum 23. Oktober durch die Waage. Das Zeichen, in dem die Sonne gerade steht, ist besonders aktiv.

Mond im Löwen

Der Löwe steht von Februar bis August im zunehmenden und von August bis Februar im abnehmenden Mond. Sein Element ist Feuer. Individualität, Kraft, Selbstbehauptung sind nur einige Eigenschaften, die für ihn stehen. Der Herrscherplanet (bzw. Stern) des Löwen ist die Sonne. Nehmen Sie sich an diesen Tagen Dinge vor, die schon längst hätten erledigt werden sollen. Heute haben Sie die Kraft, neuen Schwung in Ihr Leben zu bekommen. Vermeiden Sie aber Aufregungen und Irritationen.

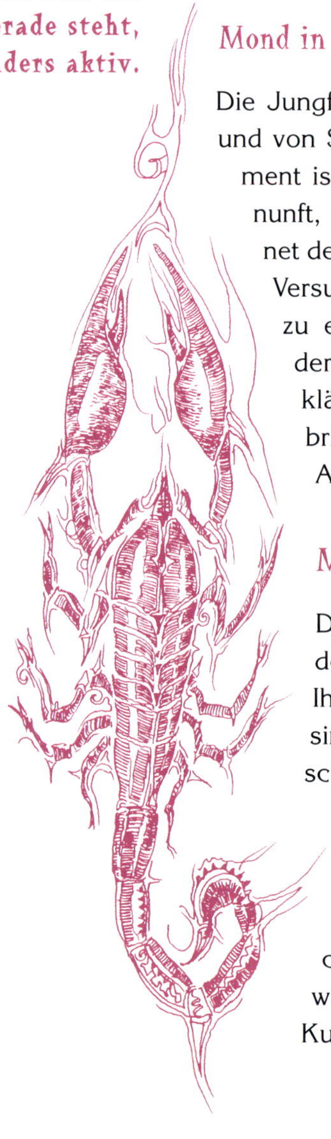

Mond in der Jungfrau

Die Jungfrau steht von März bis September im zunehmenden und von September bis März im abnehmenden Mond. Ihr Element ist Erde. Eigenschaften, die ihr entsprechen, sind Vernunft, Anpassung, Planung und Analyse. Der Herrscherplanet der Jungfrau ist der Merkur.

Versuchen Sie, an solchen Tagen unangenehme Aufgaben zu erledigen, die erhöhte Konzentrationsfähigkeit erfordern, wie beispielsweise das Ausfüllen der Steuererklärung oder Prüfungsvorbereitungen. An diesen Tagen bringen Sie mehr Struktur und Gründlichkeit in Ihre Arbeit.

Mond in der Waage

Die Waage steht von April bis Oktober im zunehmenden und von Oktober bis April im abnehmenden Mond. Ihr Element ist Luft. Eigenschaften, die für sie gelten, sind Ausgleich, Harmonie und Gerechtigkeit. Der Herrscherplanet der Waage ist die Venus. Vermeiden Sie an solchen Mondtagen Auseinandersetzungen und Konflikte. Versuchen Sie vielmehr, Ihre Beziehungen zu Freunden und lieben Menschen in Ihrem Umfeld zu steigern oder zu vertiefen. Auch körperliche Anstrengungen sollten an diesen Tagen vermieden werden. Besser ist es, ein gutes Buch zu lesen oder eine Kunstausstellung zu besuchen.

Mond im Skorpion

Der Skorpion steht von Mai bis November im zunehmenden und von November bis Mai im abnehmenden Mond. Sein Element ist Wasser. Für ihn gibt es keine Vorschriften. Eigenschaften wie Grenzenlosigkeit, Lebenswille, Freiheit und Unabhängigkeit sind für dieses Zeichen typisch. Der Herrscherplanet des Skorpions ist der Pluto. Vermeiden Sie an solchen Tagen Geldgeschäfte und Vertragsunterzeichnungen. Misstrauen und Verständnislosigkeit machen sich an diesen Tagen breit. Krankheiten und seelische Probleme können jetzt sehr gut angegangen werden.

Der Skorpion ist besonders vom 24. Oktober bis zum 22. November aktiv, da in der Zeit die Sonne das Zeichen durchläuft. Vom 23. November bis zum 22. Dezember ist die Sonne im Schützen.

Mond im Schützen

Der Schütze steht von Juni bis Dezember im zunehmenden und von Dezember bis Juni im abnehmenden Mond. Sein Element ist Feuer. Eigenschaften, die für ihn stehen, sind Verständnis, Einsicht, Toleranz und Gerechtigkeit. Der Herrscherplanet des Schützen ist der Jupiter. Versuchen Sie heute nicht, alle Dinge umzuwandeln und neu zu gestalten, auch wenn Ihnen besonders danach ist. Bleiben Sie lieber wachsam, und behalten Sie einen Überblick über Ihr Umfeld. Treiben Sie ein wenig Sport, und gehen Sie beispielsweise schwimmen.

Der römische Gott Jupiter als Herrscherplanet des Schützen steht für Gerechtigkeit, Glück und Weitsicht.

Die einzelnen Monate im Jahreskreis

Januar

Der Monat der inneren Ruhe, des Neuanfangs, des Kräftesammelns und der Empfängnis

Nutzen Sie die Energie des Januars, um Ihre innere Mitte wieder zu finden, Ihre Ziele neu abzustecken und um sich Ihrer Wurzeln, Ihrer Aufgabe und Ihres Ursprungs bewusst zu werden. Geben Sie sich vor allem Zeit und Geduld, um zu wachsen und zu lernen.

Jeder Monat hat seinen besonderen Charme. Im Wicca-Kult lebt die Naturverbundenheit beispielsweise durch die Jahresfeste mit ihren Ritualen fort.

Februar

Der Monat der Vorbereitungen, Einweihungen, Enthüllungen, des Kampfes zwischen Lust und Laune, Fleiß und Faulheit

Nutzen Sie die Energien des Februars, um sich selbst wieder neu kennen zu lernen. Seien Sie ehrlich zu sich selbst. Besuchen Sie Ihren Arzt zu den üblichen Vorsorgeuntersuchungen, lassen Sie keinen Termin bei Ihrer Kosmetikerin oder Ihrem Therapeuten ausfallen. Denken Sie an sich selbst und an Ihre Ziele, die Sie sich für einen neuen Zyklus gesetzt haben.

März

Der Monat der Lust und Launen, der Eroberungen, der Bewegung und des Mutes

Lassen Sie sich fallen, fühlen Sie die prickelnde Erotik, eine neue aufkeimende Liebe und einen heißen Flirt. Fassen Sie neuen Mut, und trauen Sie sich, einen Neuanfang in die Tat umzusetzen. Stehen Sie zu sich selbst, unterstreichen Sie Ihre innere Schönheit, und genießen Sie die Wochenenden zur Regeneration Ihrer seelischen Kräfte. Öffnen Sie Ihr Herz für ein neues aufregendes und lebensbejahendes Jahr.

Im Frühling erwacht alles aus dem Winterschlaf. Prächtige Farben und Formen in unzähliger Vielfalt entstehen und wecken Sinnesfreuden.

April

Der Monat der Reinigung und der Aktivitäten

Misten Sie in diesem Monat mal gründlich aus, egal ob im Haus, Hof oder Garten. Es ist Zeit für einen gründlichen Frühjahrsputz. Reinigen Sie dabei auch Ihren Altar, und laden Sie Ihre Ritualgegenstände wieder neu auf. Der April ist der Monat des großen Beltanefestes. Auf diesem Fest trifft der Gott des Lichtes auf die Mondgöttin und vereint sich mit ihr.

Vielleicht geben Ihnen die nebenstehenden Hinweise ein paar wertvolle Anregungen für Ihr Monatsorakel (vgl. Seite 85ff.).

Mai

Der Monat der Wiedergeburt, der Blüte und Fülle

Verwöhnen Sie Ihre Seele, und genießen Sie die Natur und ihre Pracht. Atmen Sie tief durch, und lassen Sie sich betören von dem belebenden Duft frischer Frühlingsblumen. Haben Sie einen besonderen Wunsch, z. B. einen, der sich um das Thema Liebe dreht? Dann notieren Sie Ihren Wunsch auf ein Stück Pergamentpapier, und besuchen Sie Ihren Lieblingsbaum. Vergraben Sie diesen Wunschzettel dort unter dem Baum.

Juni

Der Monat der Freundschaften und Vereinigungen

Zahlreiche Hochzeiten und Tanzveranstaltungen finden nun statt. Für die Liebenden auf dieser Welt ist die Mittsommernacht ein sehr wichtiger Tag, um die gemeinsame Zukunft durch Orakel oder dergleichen deuten zu lassen. Es werden Freudenfeuer entzündet, man tanzt um das Feuer und feiert, damit die gemeinsame Zukunft auch Glück bringt. Wenn Sie Single sind, nutzen Sie diese Energien, um sich in die Karten schauen zu lassen; dann wissen Sie, ob eine neue Liebe vor der Tür steht!

Sich der Natur und ihrem Rhythmus bewusst zu werden vermittelt tiefes Wissen über uns selbst. Geben und Nehmen, Binden und Loslassen sind leichter zu verstehen. Es wird erkannt, dass beides zum Leben gehört.

Juli

Der Monat des Wachstums und der Verzauberungen

Nun ist die Zeit, in der sich die Natur von ihrer schönsten Seite zeigt. Nutzen Sie diese Energien für Geldrituale, um Ihre finanzielle Situation aufzubessern, oder vollziehen Sie Erfolgsrituale, um berufliche Hindernisse aufzulösen. Die Natur hilft uns durch ihre stetig wachsende Kraft. Durch Kräuterzauber und Baderituale können Sie von dieser Kraft profitieren.

August

Der Monat der Kraft und Weisheit

Es ist der Monat des Lammasfestes am 1. August. Wir ehren die Natur und das Leben. Im August wird die Ernte des Jahres eingefahren. Sammeln Sie die Schätze der Natur, und legen Sie sich einen Vorrat an. Es ist die Zeit für Rituale der Weisheit und der Wahrheit. In zwischenmenschlichen Beziehungen sollten Sie nun Großzügigkeit und Vertrauen zeigen.

Der Zenit ist überschritten – die Natur wechselt ihr Kleid, und die Stimmung wird nachdenklicher und besinnlicher.

September

Der Monat des Dankes und des Gleichgewichts

In diesem Monat haben wir am 21. September die Herbst-Tagundnachtgleiche. Die Natur kommt ins Gleichgewicht, und wir können uns nun in Ritualen bei der großen Göttin für ihre Gaben und die Überwindung mancher Hindernisse bedanken. Nehmen Sie zu dieser Zeit vitaminreiches Essen und stärkende Getränke zu sich, und beugen Sie damit Krankheiten vor.

Gerne werden die Jahreszeiten metaphorisch verwendet, wenn man das Alter von jemandem beschreiben will. Sie haben gewiss schon gehört, wenn man sagt: »Sie befindet sich im Frühling ihres Lebens.«

Oktober

Der Monat der Erkenntnis und des Loslassens

Die Natur zeigt sich nun in ihren prächtigsten Farben, und wir können noch einmal die letzte Ernte einholen. Bereiten Sie sich auf den Winter vor. Räuchern Sie gründlich Ihr Haus oder Ihre Wohnung. Feiern Sie mit Ihren Freunden am 31. Oktober Samhain (Halloween). In diesem Monat sollten Sie Ihre Ritualutensilien wieder mit neuer Energie aufladen.

November

Der Monat der Ruhe und der Prophezeiungen

Die Natur ist karger geworden, und die aufsteigenden geheimnisvollen Nebel beängstigen uns. Es ist die Zeit der Ruhe und der Vorbereitungen auf den Winter. Orakel und Kartenschau lassen sich nun besonders gut deuten. Auch unsere Träume werden intensiver, und Trancearbeiten gelingen uns besonders gut.

Unser Kalender orientiert sich an der Sonne und nicht am Mond. Da die Umlaufzeit des Mondes in etwa 28 Tage beträgt, müssten wir im Prinzip 13 Monate haben.

Dezember

Der Monat der Dunkelheit und der Geburt des Lichts

Es ist der Monat der langen Nächte bis zur Wintersonnenwende am 21. Dezember. Da feiern die weisen Frauen die Geburt des Lichtes. Wir rücken mit unseren Liebsten wieder näher zusammen und genießen die Feierlichkeiten im engen Familienkreis. Es ist die Zeit der Innenschau, der Besinnlichkeit und der Erneuerung. Reinigen Sie Körper, Geist und Seele.

Das Jahr neigt sich dem Ende zu, ein Traum in Weiß hat sich über die Landschaft gelegt und verwandelt sie in eine Märchenwelt.

Kleine Kunde der Numerologie

5

In der Zahlenmystik der Numerologie gibt es verschiedene Möglichkeiten und Rechenexempel, um Befragungen durchzuführen. Am bekanntesten ist die Errechnung der Lebensnummer und der persönlichen Jahreszahl.

Die Lebensnummer

Zum Errechnen der Lebensnummer liefert das Geburtsdatum das Zahlenmaterial dazu. Von diesem wird so lange die Quersumme genommen, bis eine einstellige Zahl übrig bleibt.
Ist beispielsweise jemand am 19.11.1975 geboren, dann sieht der erste Rechenschritt folgendermaßen aus:

Lebensnummern bestimmen unser Leben im Wesentlichen, da sie alle unsere Geburtszahlen in sich vereinen. Sie sind Wegweiser und der Schlüssel zum Sinn unseres Lebens.

$$1 + 9 + 1 + 1 + 1 + 9 + 7 + 5 = 34$$

Um die Lebensnummer zu errechnen, wird von dem Ergebnis 34 wiederum die Quersumme genommen:

$$3 + 4 = 7$$

In diesem Beispiel wäre somit die Lebensnummer die Ziffer 7. Den Symbolgehalt der 7 lesen Sie auf Seite 145.

Die persönliche Jahreszahl

Auf dieselbe Art kann man sich zu Beginn des Jahres seine persönliche Jahreszahl errechnen. Will jemand beispielsweise für das Jahr 2002 seine Jahreszahl wissen, so nimmt er die Zahlen seines Geburtstages und des Geburtsmonats und hängt daran das aktuelle Jahr.
Im Beispiel von vorhin würde das bedeuten:

$$1 + 9 + 1 + 1 + 2 + 0 + 0 + 2 = 16$$

Von dem Ergebnis, in unserem Beispiel die Zahl 16, wird wiederum die Quersumme genommen:

$$1 + 6 = 7$$

Die persönliche Jahreszahl 2002 ist in diesem Beispiel also identisch mit der Lebensnummer. Damit beginnt ein neuer Lebenszyklus.

Symbolgehalt der Ziffern

Ein persönliches Jahr ist die Zeit von Geburtstag zu Geburtstag. Es errechnet sich aus der Quersumme des Geburtstags plus Monat plus das Jahr, in dem man den letzten Geburtstag gefeiert hat.

1 Die Eins steht für den ungeteilten Uranfang, für alles, was ist; ebenso auch für die Individualität in jeglicher Form von Leben. Damit kann man verstehen, dass die Eins das Göttliche repräsentiert.

2 Die Zwei ist das Symbol alles Materiellen und Irdischen, entweder bestehend aus einer sich ergänzenden oder gegensätzlichen Einheit. Beispiele hierfür sind Mann und Frau, Ebbe und Flut, Tag und Nacht, Himmel und Erde, Gut und Böse.

3 Meistens sind Glaubens- und Gedankengebäude auf der Dreiheit aufgebaut: Der Mensch besitzt Körper, Geist und Seele. Das Christentum kennt Vater, Sohn und Heiligen Geist. Die Drei symbolisiert die Verbindung von Zwei zu einem Dritten.

4 Die Vier ist ein Sinnbild für die Ordnung der Welt. Sie zeigt sich in den vier Jahreszeiten, den vier Elementen und den vier Himmelsrichtungen. Sie ist das Symbol für das Quadrat und das Kreuz. Die Vier ist auch die doppelte Zwei.

5 Das Symbol der Liebe, als Verbindung aus der weiblichen Zwei mit der männlichen Drei. Die Fünf ist auch Sinnbild für Zusammenkunft und Vereinigung der Gegensätze und für Erscheinungsformen der Natur, wie die fünf Finger oder die fünf Sinne.

6 Symbolisiert die Vereinigung von Himmel und Erde. Das Hexagramm ist mit zwei miteinander verschmolzenen Dreiecken ein typisches Symbol dafür.

7 Die Zahl Sieben ist eine magische Zahl. So hat beispielsweise die Woche sieben Tage. Es gibt sieben Chakras, die der Reihe nach erweckt werden können, um den Menschen zu Vollkommenheit und Erleuchtung zu führen.

Ein Weg und ein Zyklus gehen zu Ende in einem persönlichen Jahr 9. Man sollte sich mit dem bisher Erreichten beschäftigen und sich auf neue Möglichkeiten freuen.

8 Ein Symbol für Neuanfang, Beginn und Auferstehung. Die Acht ist dabei auch als doppelte Vier (Ordnungsbild der Welt) zu verstehen. In der jüdischen Tradition beispielsweise findet am achten Tag nach der Geburt eines Jünglings die Beschneidung statt.

9 Ein Symbol für Abschluss, Wechsel und Übergang. Die Neun ist das Symbol der höchsten Vollkommenheit. Eine Eigenheit der Neun ist, dass sie mit jeder anderen Zahl multipliziert werden kann und in der Quersumme immer wieder die Zahl Neun ergibt. Symbolisch gesehen bedeutet dies, dass die Neun alles in sich aufnehmen kann und immer sie selbst bleibt.

Wissenswertes

Grundlegendes Wissen für Ihre Rituale

Rituale und magische Handlungen laufen immer nach einem bestimmten Schema ab. Außerhalb dieses Schemas sind Sie frei, was Phantasie und Gedanken betrifft. Ein Ritual sollte zunächst immer an einem bestimmten Platz oder Ort abgehalten werden. Normalerweise ist dies der Altar.

- Um den Altar sollten Sie immer einen Schutzwall ziehen. Dazu können Sie beispielsweise Teelichte aufstellen, ihn mit Kreide einzeichnen oder in sonstiger Form kenntlich machen.
- Vor dem eigentlichen Ritual sollten Sie sich selbst, Ihre Teilnehmer und den Altar schützen und von negativen Energien reinigen. Das Ritual soll ja schließlich auch funktionieren. Gehen Sie dazu den Kreis immer mit einem Haselnusszweig oder Dolch im Uhrzeigersinn ab, und führen Sie eine Schutzanrufung durch. Nun ist der Kreis geschlossen und geschützt. Sie sollten den Kreis nicht mehr verlassen, bevor dieser nicht wieder geöffnet ist. Das eigentliche Ritual kann beginnen.
- Rufen Sie dazu die Energien, Elemente oder Götter, die Sie zu diesem Zweck benötigen, und bitten Sie sie um Beistand und um Erfüllung Ihres Wunsches.
- Stellen Sie keine Forderungen, äußern Sie einfach Ihre Wünsche und Gedanken. Versuchen Sie, immer das, was Sie bezwecken wollen, irgendwie in Ihre Rituale einzubauen.
- Wenn Sie beispielsweise ein Heilungsritual durchführen wollen, sollten Sie nicht vergessen, Ihre Krankenakte mit auf den Altar zu legen. Visualisieren Sie immer das gewünschte Endziel vor Ihrem geistigen Auge.
- Wenn das Ritual abgeschlossen ist, müssen Sie die gerufenen Energien, Elemente oder Götter wieder entlassen, ihnen für ihre Anwesenheit danken und den Schutzkreis wieder auflösen. Fahren Sie dazu mit Hilfe Ihres Haselnusszweiges oder Ihrem Dolch den Kreis entgegen dem Uhrzeigersinn ab.
- Vergessen Sie nach erfolgreichem Eintreten Ihres Wunsches niemals, den Energien, Elementen oder Göttern in Form eines kleinen

Ihr Altar und die Ritualgegenstände entwickeln in direkter Beziehung mit Ihnen einen eigenen Zauber. Achten Sie darauf, dass nicht jeder sie berührt.

Dankesrituals zu huldigen. Dazu stellen Sie einfach ein paar Früchte und etwas Getreide als Zeichen Ihrer Dankbarkeit auf den Altar, während Sie dieses Ritual durchführen.

Die Sator-Arepo-Formel

Eine der wichtigsten magischen Formeln in der Magie ist die bekannte Sator-Arepo-Formel. Sie wird in Form eines Quadrats geschrieben und kann somit vertikal, horizontal und auch rückwärts gelesen werden. Die wörtliche Übersetzung lautet:

Der Sämann (Sator) Arepo hält (Tenet)
mit Mühe (Opera) die Räder (Rotas).

Die Sator-Arepo-Formel gilt als eine der ältesten Formen der Buchstabenmagie. Sie ist weltweit verbreitet und wurde erstmals in Pompeji im ersten nachchristlichen Jahrhundert entdeckt.

S	A	T	O	R
A	R	E	P	O
T	E	N	E	T
O	P	E	R	A
R	O	T	A	S

Sator kann auch mit Urheber oder Schöpfer, *opera* auch mit Hilfe und Unterstützung, *rotas* auch mit Kreis, Wechsel oder Unbeständigkeit übersetzt werden.
Diese Formel in ein Amulett geritzt oder auf Papier geschrieben soll den Träger vor negativen Einflüssen und Krankheiten bewahren.

Alles, was Sie aussenden, kommt wieder zurück

Im Umgang mit der Magie sollte man wissen, dass alle magischen Handlungen auf einen zurückfallen. Bei guten so genannten weißmagischen Handlungen kommen diese dreifach positiv zu Ihnen zurück. Bei schlechten so genannten schwarzmagischen Handlungen kommen diese ebenfalls mindestens dreifach auf Sie zurück. Dies ist auch der Grund, warum sich die meisten Hexen mit weißer Magie beschäftigen.

Die Bedeutung der Elemente

Es gibt fünf Elemente, davon die vier Urelemente Wasser, Feuer, Erde und Luft. Das fünfte Element ist der Äther, den Aristoteles als ein weiteres Element erkannte. Er symbolisiert den Geist, die Veränderung und Wandlung. Diese fünf Elemente sind beispielsweise auch im Pentagramm verkörpert.

Magie im Alltag bedeutet, mit dem Leben bewusster und wissender umzugehen. Rituale sollten Sie nur weißmagisch praktizieren.

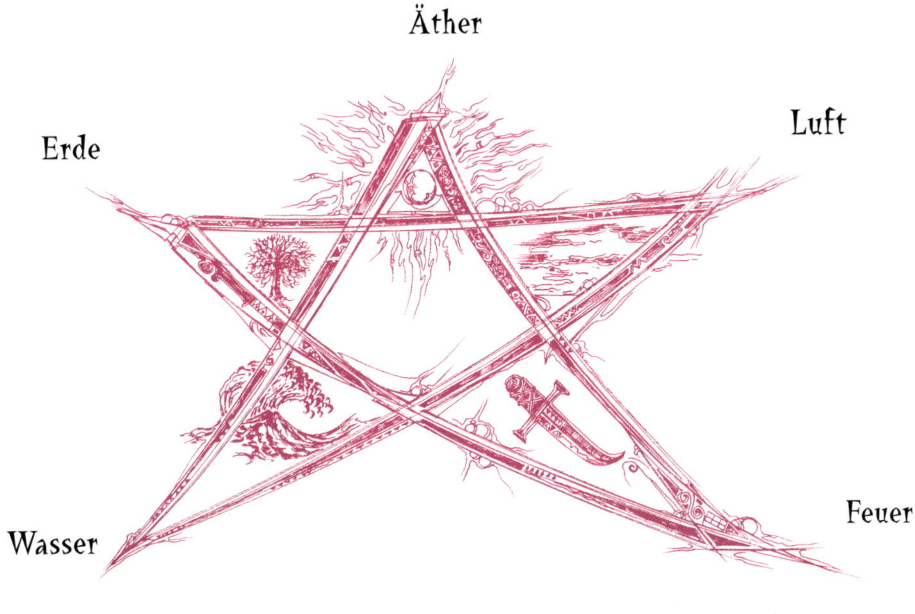

Jedes dieser vier Urelemente besitzt ebenfalls bestimmte Charaktereigenschaften, die man sich auch im Umgang mit der Magie zunutze machen kann.

Luft

Das Element Luft beeinflusst den Geist. Es symbolisiert kosmisch belebende Kräfte und den Geist, der belebt und erschafft. Es steht für Verbindung und Beweglichkeit, aber auch Unfassbarkeit und Verlust, Aktivität und Durchdringung, Nichtigkeit und Auflösung.

Die Urelemente Feuer, Wasser, Erde und Luft sind die Grundbausteine, aus denen sich alles zusammensetzt.

Wasser

Das Element Wasser ist im Vergleich zu den anderen Elementen das mit der größten Bedeutungsvielfalt. Aus dem Wasser entstand alles Leben. Wasser birgt die Fülle aller Möglichkeiten in sich. Es symbolisiert eine reinigende, erneuernde und erfrischende Kraft. Wasser ist auch der Träger geistiger Kräfte.

Erde

Das Element Erde ist das Ursymbol und die Gottheit alles Weiblichen. Es steht für Körper, Wachstum, Natur und Nahrung. Die Werte sind bodenständig, und es gilt, Dingen Form zu geben und Erschaffenes zu bewahren. Mit diesem Element ist der Bezug zur Realität sehr groß, weshalb Ideen leicht umgesetzt werden können und in unserer materiellen Welt konkret werden. Für Ihre magischen Aktivitäten ist das Element Erde ein Symbol für Schutz und Materie.

Auch das Tarot greift auf die Viererteilung zurück: Schwerter entsprechen der Luft, Kelche dem Wasser, Münzen der Erde und Stäbe dem Element Feuer.

Feuer

Das Element Feuer ist ein Symbol des Lebens und der Reinheit, aber auch der Zerstörung. Es ist die Macht des Willens. Alles, was mit diesem Element in Berührung kommt, erfährt eine Vitalisierung, denn Feuer hat einen belebenden und Energie spendenden Charakter. Aufgaben werden als Herausforderungen verstanden, und Mut besiegt Angst und Zweifel. Mit Kreativität und Phantasie wird das Neue erobert.

Entdecken Sie Ihre Göttin oder Ihren Gott

Der Göttinnen- und Göttertest

Jede Frau und jeder Mann hat etwas Besonderes, Einzigartiges an sich, das sie bzw. ihn unwiderstehlich macht. »Was sollte an mir Außergewöhnliches sein?«, fragen Sie sich. Und: »Warum treffe ich immer die falschen Männer bzw. Frauen?«

Nun, vielleicht sind Sie als Frau insgeheim davon überzeugt, ohne lange blonde Haare und üppiger Oberweite bzw. als Mann ohne Muskeln und Waschbrettbauch nicht anziehend zu sein. Oder Sie greifen sich einfach die falschen Männer bzw. Frauen heraus, denen Sie nicht die richtigen Signale senden. Kein Wunder, dass Sie dann Ihren Wunschpartner nicht an Land ziehen können. Oder er bzw. sie entpuppt sich bei näherem Kennenlernen als Fehlgriff, weil Sie beide zu unterschiedlich sind und die Chemie einfach nicht stimmen kann. Lassen Sie sich also von Äußerlichkeiten nicht irreführen.

Hören Sie auf, die bzw. der sein zu wollen, die Sie bzw. der Sie nicht sind. Werten Sie das auf, was Sie haben. Holen Sie das Beste aus sich heraus. Seien Sie auf Ihre ganz eigene Art verführerisch, sinnlich und erotisch. Finden Sie heraus, welcher Göttin bzw. welchem Gott Sie ähnlich sind, nehmen Sie sich diese Göttin bzw. diesen Gott als Vorbild und Energie, und versuchen Sie, deren bzw. dessen Zauber zu dem Ihren zu machen.

Jede Göttin, jeder Gott steht symbolisch für bestimmte Charaktereigenschaften. Durch den Test erfahren Sie mehr über sich selbst und welcher Partner zu Ihnen passt.

Finden Sie Ihre Göttin bzw. Ihren Gott!

Im nachfolgenden Test können Sie die Göttin bzw. den Gott finden, deren Tochter bzw. Sohn Sie sind:

- Kreuzen Sie die Gruppe an, in der sich Ihr Sternzeichen befindet

A Fisch, Krebs, Skorpion
B Stier, Jungfrau, Steinbock
C Wassermann, Zwillinge, Waage
D Widder, Löwe, Schütze

Ihr Geschmack, Ihre Vorlieben und Bedürfnisse müssen nicht genau mit denen des Partners übereinstimmen, aber sie sollten sich sinnvoll ergänzen.

◎ Sie haben eine viel versprechende Verabredung. Was ziehen Sie an?
A Duftiges Blumenkleid / flippiges Outfit
B Hosenanzug mit Spitzentop / Hose, Blazer und T-Shirt
C Lederjeans und Glitzerbluse / Lederkombi
D Paillettenkleid und Highheels / Designeranzug und teure Schuhe

◎ Mit welchem Duft unterstreichen Sie Ihre Ausstrahlung und fühlen sich selbst wohl?
A Spritzig, zart, feminin bzw. maskulin
B Blumig, dezent, klar
C Provokant, würzig, modern
D Sinnlich, orientalisch, üppig

◎ Welche Farben wählen Sie?
A Rosé, Türkis, Blassblau, Dunkelblau
B Kupfer, Natur, Kakao, Braun
C Weiß, Silber, Violett, Grau
A Rot, Smaragd, Gold, Schwarz

◎ Was wählen Sie im Restaurant aus?
A Meeresfrüchte und einen kühlen Weißwein
B Am liebsten nur Desserts und einen Vino Santo
C Etwas Exotisches und Unbekanntes
A Steak, Rotwein oder Bier

◎ Wenn Sie sich ein Tier anschaffen würden, für welches würden Sie sich am ehesten entscheiden?
A Verschmuste Katze
B Treuen Hund
C Intelligenten Papagei
D Stummen Fisch

◎ Welches ist Ihre Lieblingsjahreszeit?
A Frühling
B Sommer
C Herbst
D Winter

◎ Was machen Sie in Ihrer Freizeit am liebsten? Welche Aktivitäten bringen Ihnen am meisten?
A Fitness
B Party, Spaß haben
C Besuch in einem Museum
D Am liebsten zu Hause bleiben

◎ Was ist Ihnen in Ihrem Leben am wichtigsten? Was streben Sie am ehesten an?
A Partner
B Familie, Heim und Haus
C Singleleben und Ihre Karriere
D Wohne noch bei den Eltern und genieße alles, was kommt

Antworten Sie ganz spontan ohne langes Überlegen. Nur so kommen Sie zu einem unverfälschten Ergebnis.

◎ Was ist das Erste, was Sie morgens tun, wenn Sie an Frühstück denken?
A Sie nehmen ein gesundes Frühstück zu sich
B Sie rauchen eine Zigarette und trinken einen Schluck Kaffee, sonst kommen Sie nicht in die Gänge
C Gar nichts
D Sie kaufen sich Ihr Frühstück unterwegs

◎ Welchen dieser Wünsche würden Sie sich am liebsten einmal erfüllen?
A Ausflug ins Weltall
B Traumreise auf einem Schiff
C Das eigene Haus
D Ein tolles Auto

Auswertung

Zählen Sie nun zusammen, wie oft Sie bei den Antworten A, B, C oder D angekreuzt haben. Unter dem Buchstaben, den Sie am häufigsten gewählt haben, finden Sie in der folgenden Auswertung die entsprechenden Göttinnen und Götter. Jedem Buchstaben sind jeweils eine Göttin und ein Gott aus der griechischen Mythologie zugeordnet. Die Frage ist, können Sie sich mit dem Deutungstext identifizieren oder nicht? Wenn ja, dann leben Sie Ihre Göttin / Ihren Gott bereits sehr bewusst. Wenn nicht, dann haben Sie das Potenzial, sie / ihn zu entwickeln.

Hauptsächlich A – Persephone und Neptun

In welchem Alter Sie auch sind, Sie bleiben immer das junge Mädchen bzw. der junge Bub, die romantische Träumerin bzw. der romantische Träumer. Sensibel und nachdenklich vertrauen Sie stets auf die Stimme Ihres Herzens. Sie haben das Gefühl, dass jede Liebe die erste Liebe ist.

Göttin

Die griechische Mythologie bietet ein komplexes Weltbild, in dem die unsterblichen Götter das Geschick der Menschen leiten. Die Götter selbst werden menschlich dargestellt.

Persephone steht für das Mädchen, das gerade erst zur Frau geworden ist und sich in dieser neuen Rolle noch nicht zurechtfindet. Männer sind für sie das fremde Wesen, das so anders ist und sie doch gleichzeitig magisch anzieht. Sie betört durch ihre Reinheit und den Glauben an die wahre Liebe, die eines Tages zu ihr kommen wird, als Ritterin in einer schimmernden Rüstung.

Gott

Neptun repräsentiert die reine Liebe, die keine Bedingungen stellt, die Mystik in der Beziehung zwischen zwei Menschen. Er reißt die Mauern ein und lässt die Partner einander erkennen.

Hauptsächlich B – Hera und Merkur

Sie stellen die Mischung dar, die sich jeder Mann bzw. jede Frau insgeheim wünscht. Sie sind tolerant und gelassen, einfühlsam und immer zur Stelle, wenn Sie gebraucht werden. Trotzdem sind Sie immer wieder eine Überraschung wert, denn Sie veranlassen die meisten Männer bzw. Frauen nach kürzester Zeit zu der Bemerkung, dass Sie unglaublich sinnlich und lasziv seien.

Göttin

Hera ist die Göttin der Ehe. Sie ist Persephone in ihrer nächsten Entwicklungsstufe, die Ehefrau, die Ihrem Mann mit Rat und Tat zur Seite steht, die seine Stärken und Schwächen annimmt und seine Vorlieben und Abneigungen kennt. Und die dadurch so wandelbar wird, das er alles in ihr vereint findet, was er gesucht hat.

Gott

Merkur spiegelt den Mann wider, der verstandesorientiert, realistisch und kommunikativ ist. Er ist beruflich sehr erfolgreich, sei es in der Wirtschaft oder auch in der Politik. Er ist ein guter Diskussionspartner und sehr gerecht.

Hauptsächlich C – Artemis und Uranus

Sie sind kreativ, lebhaft, exzentrisch und neugierig. Auch sind Sie ein Trendsetter, voller Spontaneität und manchmal auch etwas zickig und unberechenbar. Eine moderne Amazone, die Frau aus der Zukunft bzw. ein moderner Krieger.

Göttin

Artemis steht für weibliche Stärke und Unabhängigkeit. Frei und unbezähmbar streifte sie durch die Wälder. Ein Leben an der Seite eines Mannes lehnte sie ab. Finden Sie Ihre Urweiblichkeit wieder, dann klappt es auch mit den Männern besser. Vereinen Sie die Amazone in Ihnen mit der weiblichen Seite der Venus.

Die hier aufgeführten Götter zählen zu den zwölf griechischen Hauptgöttern, die den Olymp bewohnen.

Gott

Uranus ist das männliche Pendant zur emanzipierten Junggesellin. Er bringt Veränderungen, weckt Neugierde, wirft Konventionen über den Haufen. Manchmal erscheint er kalt und unnahbar. Mit ihm wirft man Altes über Bord und liefert sich nicht länger den Gefühlen hilflos aus. Seien Sie sich dieser Uranusenergie bewusst, und werden Sie künftig offener und zugänglicher.

Hauptsächlich D – Venus und Apollo

Sie sind mutig und lieben die Gefahr. Was anderen Angst macht, ist für Sie eine Herausforderung. Das Spiel mit dem Feuer ist Ihre Leidenschaft. Was Sie wollen, das nehmen Sie sich. Sie sind die Diva und der Star. Mit weniger geben Sie sich nicht zufrieden. In Ihrer Glut schmilzt sein bzw. ihr Widerstand dahin. Manch einer mag über Ihre Großherzigkeit überrascht sein.

Göttin

Venus verkörpert Schönheit und Liebe, Verführung und Lust. Sie lässt Sie aus dem Herzen handeln. Mit ihr finden Sie »den Richtigen«, Ihren Seelenpartner. Auch für Kunst und Ästhetik steht Venus.

Gott

Apollo bringt die Frauen um den Verstand. Er ist der leidenschaftliche Macho, der »Bad Boy«, der alle Herzen im Sturm erobert. Er ist es, der die Schmetterlinge im Bauch fliegen lässt. Er ist eitel, ichbezogen und ein Spieler. Er beherrscht die Kunst der Verführung. Versuchen Sie, diese Eigenschaften in positive Energien umzusetzen, dann klappt es auch mit der Traumfrau.

Die perfekte Kombination

Im Test unten rechts können Sie herausfinden, welcher Partner zu Ihnen passt. Auf den vorhergehenden Seiten finden Sie die dazu passende Antwort.

Gleich und Gleich gesellt sich gern. Oder doch eher die sich anziehenden Gegensätze? Wie auch immer – wesentlich ist, wie Sie sich ergänzen und auf welcher Ebene Sie harmonieren.
Wer Sie sind und welche Göttin bzw. welcher Gott in Ihnen steckt, wissen Sie jetzt. Aber was ist mit ihm bzw. ihr? Versuchen Sie herauszufinden, wann er bzw. sie Geburtstag hat. Anhand des Sternzeichens können Sie rasch Rückschlüsse auf das Element und den dazugehörenden Gott ziehen. Dann wissen Sie auch, mit wem Sie es im Wesentlichen zu tun haben.

Ist er
A Fisch, Krebs, Skorpion
B Stier, Jungfrau, Steinbock
C Wassermann, Zwillinge, Waage
D Widder, Löwe, Schütze

Dann entspricht er am ehesten
A Neptun, sein Element ist Wasser
B Merkur, sein Element ist Erde
C Uranus, sein Element ist Luft
D Apollo, sein Element ist Feuer

◎ Ist sie
A Fisch, Krebs, Skorpion
B Stier, Jungfrau, Steinbock
C Wassermann, Zwillinge, Waage
D Widder, Löwe, Schütze

◎ Dann entspricht sie am ehesten
A Persephone, ihr Element ist Wasser
B Hera, ihr Element ist Erde
C Artemis, ihr Element ist Luft
D Venus, ihr Element ist Feuer

Fisch, Krebs, Skorpion entsprechen dem Element Wasser; Stier, Jungfrau, Steinbock dem Element Erde; Wassermann, Zwillinge, Waage dem Element Luft; Widder, Löwe, Schütze dem Element Feuer.

Die Götter in ihrem Element

Wenn Sie also wissen, was für ein Gott / eine Göttin in Ihr Leben getreten ist, können Sie Ihr Netz ganz gezielt spinnen. Sicher ist Ihnen bereits aufgefallen, dass jede Göttin bzw. jeder Gott auch für ein ganz bestimmtes Element steht, so wie auch die Sternzeichen Elementen zugeordnet werden. Allein schon das Wissen um die Elemente gibt Ihnen wertvolle Hinweise auf seine / ihre Vorlieben und Abneigungen.

»Die Geburt der Venus« von A. F. Botticelli stellt die reine, strahlende Weiblichkeit in ihrer ganzen Schönheit dar.

Apollo – der Gott des Feuers

Die Sternzeichen Widder, Löwe und Schütze entsprechen dem Element Feuer.
Ihr Widdermann / Ihre Widderfrau wird von Apollo geleitet und ist dazu noch ein Feuerzeichen, ebenso wie der Schütze aus der Werbeabteilung und der Löwe in Ihrer Stammkneipe. Das heißt: Sie können alle Register ziehen. Er wird niemals vor Schreck verschwinden, wie es Ihnen mit einem sensiblen Wassergott passieren könnte. Stürzen Sie sich in ein Abenteuer, das er niemals vergessen wird. Verführen Sie ihn in roten Dessous und schwarzen Netzstrümpfen, lassen Sie ihn Ihren heißen Atem spüren.

Feuer ist ein aktives Element. Es symbolisiert Leidenschaft, Impulsivität und Vitalität.

Spielen Sie das Feuerspiel mit ihm: Jeder versucht, die Flamme einer Kerze mit den Fingern zu löschen. Wem es nicht sofort gelingt, muss ein Kleidungsstück ablegen. Stellen Sie die Kerzen doch als Wegweiser in Richtung Schlafzimmer.

Venus – die Göttin des Feuers

Sie sind in einem Feuerzeichen geboren. Und dieser heißblütige Macho ebenfalls. Da können Flammen sehr schnell hochschlagen. Wer wird das hitzige Spiel gewinnen? Passen Sie auf sich auf (er kann ruhig verglühen), denn sonst legt er vielleicht Ihr Leben in Schutt und Asche.

Die griechischen Götter Apollo und Artemis opfern am Altar ihres allmächtigen und fürsorglichen Göttervaters Zeus.

Ist er ein Luftzeichen, dann wird er Ihnen den notwendigen Sauerstoff liefern, den Sie benötigen, damit Ihr Feuer nicht erlischt.
Der Gott der Erde baut für Sie ein trautes Heim, das Sie eventuell mit einem Ihrer heißen Wutausbrüche anzünden.
Der Wassergott kann so tief in seinem stillen Wasser hausen, dass Sie auf der Suche nach ihm versehentlich verlöschen.

Merkur – der Gott der Erde

Die Sternzeichen Stier, Jungfrau und Steinbock entsprechen dem Element Erde.
Der Steinbockmann inspiziert als Erstes Ihre Wohnung. Ist sie gemütlich und ordentlich, gibt es ein paar teure Objekte, und ist es eventuell sogar eine Eigentumswohnung? Tragen Sie unbedingt etwas Luxuriöses, dem man ansieht, dass es viel gekostet hat. Und fragen Sie ihn um Rat, ob Sie Ihre Fondsanteile zur Zeit besser verkaufen sollten. Er erkennt in Ihnen die Frau, mit der er gemeinsam eine solide Basis für eine sichere Zukunft schaffen kann.

Erde ist ein festes Element und steht für Beständigkeit, Sicherheit und Stabilität.

Hera – die Göttin der Erde

Die Erdenfrau bereist das Land des Erdenmanns. Er bestellt das Feld, sie schmückt das Heim. Vergessen Sie aber nicht, auch mal Neuland zu betreten, sonst schaufeln Sie sich Ihr eigenes Grab.
Der Feuergott entflammt Ihre Seele und lässt die Tränen der Erdengöttin trocknen, die Sie wegen einem anderen vergossen hat.
Der Mann der Luft bringt frischen Wind in die Routine der Erdenfrau.
Auf den ausgetrockneten Boden der Erdfrau fallen sanfte Wassertropfen, und neues Leben erblüht.
Seien Sie aber auf der Hut, nicht vom Strom eines Mannes mit dem Element Wasser mitgerissen zu werden.

Uranus – der Gott der Lüfte

Die Sternzeichen Waage, Wassermann und Zwillinge entsprechen dem Element Luft.
Der Waagemann kommt am schnellsten aus dem Gleichgewicht, wenn Sie von einem geheimnisvollen Duft umgeben sind, der ihm signalisiert, dass Sie genauso unkonventionell sind wie er. Nebeln

Sie seine Sinne ein, indem Sie ihn in Ihrem mit Duft geschwängerten Zuhause empfangen, das genauso exzentrisch ist wie Sie selbst, und ihm dadurch deutlich signalisieren, dass er hier nur als Besucher willkommen ist. Lassen Sie Musik laufen, die kaum wahrnehmbar ist. Tragen Sie das futuristische Silberlameekleid, und servieren Sie ein hauchzartes Soufflé.

Artemis – die Göttin der Lüfte

Sie als Luftzeichen treffen ihn, der auch den Luftzeichen angehört. Umschweben Sie einander, und besuchen Sie gemeinsam luftige Höhen. Aber passen Sie auf, dass nicht einer von Ihnen aus Versehen die Erdatmosphäre verlässt.
Er im Feuerzeichen lässt den Heißluftballon steigen, in den Sie beide eingestiegen sind.
Der Mann der Erde vertraut darauf, dass Sie als Wind den Blütenstab mit sich bringen, der seinen Acker fruchtbar werden lässt.
Schicken Sie erst mal nur eine leichte Brise über den Ozean des Wassermanns. Sonst taucht er ab auf den Meeresgrund, und Sie finden ihn nicht mehr.

Luft ist ein bewegliches Element und steht für geistige Beweglichkeit, Kommunikation und Ideenreichtum.

Neptun – der Gott des Wassers

Die Sternzeichen Fisch, Krebs und Skorpion entsprechen dem Element Wasser.
Lassen Sie bloß den roten Lippenstift in Ihrem Schminktäschchen. Da würde er nur weiche Knie bekommen. Tupfen Sie stattdessen etwas korallenfarbenes Gloss auf und einen Hauch blaugrünen Lidschatten. Vor allem seufzen Sie ab und zu ein bisschen, das macht Sie geheimnisvoll und tiefgründig. Wenn Sie ihm später am Abend noch ein Glas Champagner einschenken, dann lassen Sie von dem edlen Nass etwas auf seine Hand tropfen, und küssen Sie es dann sanft und sinnlich fort. Schon schwimmt er in Ihrem Netz.

Persephone – die Göttin des Wassers

Wassergöttin und Wassergott: viel Gefühl und viel Sensibilität. Beide haben nahe am Wasser gebaut und ziehen sich schnell in die Tiefen des eigenen Ozeans zurück. Vorsicht, sonst könnten Pläne für die

Zukunft schnell ins Wasser fallen. Entflammt ein Feuermann für Sie, dann passen Sie auf, dass Ihr empfindsames Gemüt seine heiße Leidenschaft nicht löscht.
Wenn der Luftgott mit seinen verrückten Ideen mal wieder vollkommen abhebt, dann bleiben Sie ganz ruhig und entspannt: Er kocht auch nur mit Wasser.
Für den pragmatischen, in seiner Routine festgefahrenen Mann eines Erdzeichens ist Ihre spritzige Wandelbarkeit Wasser auf seine Mühlen.

Wasser ist ein fließendes Element und steht für Intuition, Gefühl und Sensibilität.

Das Ritual der Venus

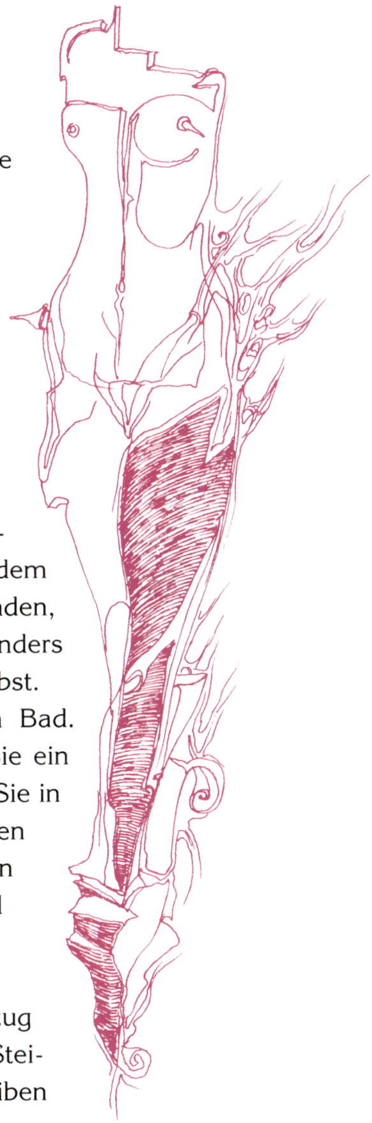

Venus ist die Göttin der Liebe und Schönheit, die raffinierte Verführerin. Sie lockt, verspricht süße Lust und bringt den Mann um den Verstand. Möchten Sie als Frau im Schlafzimmer seine Göttin sein? Dann erwecken Sie die Venus in sich!

Offenbaren Sie Ihre Weiblichkeit

Der erste Schritt ist, dass Sie sich selbst lieben und sich selbst schön und begehrenswert finden. Deshalb sollten Sie in den Tagen vor dem großen Ereignis ganz bewusst für sich herausfinden, was Sie so einzigartig macht und was ganz besonders schön an Ihnen ist. Verlieben Sie sich in sich selbst.
Beginnen Sie Ihre Vorbereitungen mit einem Bad. Geben Sie etwas Meersalz hinzu. Entzünden Sie ein Räucherstäbchen mit Jasminduft, und steigen Sie in die Wanne. Lassen Sie sich gleiten, und nehmen Sie diesen wohligen Duft in sich auf. Streichen Sie sanft über die Konturen Ihres Körpers, und seien Sie überrascht, wie wunderschön Sie doch sind.
Visualisieren Sie, wie Sie mit jedem Atemzug etwas von der Energie der Venus aufnehmen. Steigen Sie nach einiger Zeit aus dem Bad, und reiben

Sie sich mit einer sahnigen Creme ein. Tupfen Sie überall dort, wo Sie sich normalerweise Parfum auftragen, ein paar Tropfen Rosenöl oder Venusöl auf die warme Haut.

Wenn Sie lange Haare haben, dann bürsten Sie diese langsam und bedächtig aus. Jede einzelne Locke verleiht Ihnen Macht über den Mann, den Sie erwarten. Was werden Sie anziehen? Vielleicht das aufregendste Negligee, das Sie finden können, am besten in einem sündigen Rot? Tragen Sie dazu roten Lippenstift. Seien Sie so sexy, dass Sie sich selbst beim Blick in den Spiegel zuerst kaum wiedererkennen. Fühlen Sie, wie Sie selbst davon überzeugt sind, unwiderstehlich zu sein.

Hinter den griechischen Göttinnen verbergen sich archetypische Eigenschaften von Frauentypen. Es kann durchaus auch sein, dass Sie ein Mischtyp sind.

Das Ritual der Artemis

Einen Ehemann? Nein, das wollte Artemis ganz sicher nicht. Und wie steht es mit Ihnen? Wollen Sie als Frau Ihre Freiheit und Unabhängigkeit wirklich aufgeben? Nein, denn sonst würden Sie in diesem Augenblick die Kinder ins Bett bringen. Stehen Sie zu Ihrer Art

Verspielte Zärtlichkeiten zwischen Mann und Frau sind Elemente der Liebe, die es zu erlangen und zu bewahren gilt.

zu leben. Spüren Sie diese Stimme in sich. Ganz tief in Ihnen streift Artemis durch die Wälder. Und das merkt auch der Mann, der Ihr Geliebter werden soll. Für eine Nacht? Für mehrere Nächte? Sie bestimmen dies ganz allein. Machen Sie sich ruhig rar, sagen Sie eine Verabredung ab.
Und treffen Sie Ihre Männer nicht immer nur auf einen Drink in der Stadt. Verlassen Sie das Häusermeer, und verzaubern Sie ihn stattdessen auf einer Blumenwiese oder an einem plätschernden Bach.

Für jede Frau gibt es Tricks, wie sie ihren Typ raffiniert betonen kann. Haben Sie ruhig etwas Mut und öffnen Sie sich für neue Erlebnisse.

Erobern Sie den Geliebten

Duschen Sie ausgiebig, und visualisieren Sie dabei, wie Sie unter einem brausenden Wasserfall stehen – irgendwo in einem unberührten Stück Wildnis.
Verzichten Sie auf Parfum, und reiben Sie Ihre Hände, in die Sie einige frische Blätter gelegt haben, aneinander. Reiben Sie nun Ihren ganzen Körper von oben bis unten mit den Blättern ein. Empfangen Sie ihn mit einem weißen, schlichten Kleid und ebenso schlichtem Silberschmuck.
Verwenden Sie zusätzlich zu Ihrem Parfum auch einige Tropfen Patchuli an Ihrer Haut bzw. streichen Sie sich die Aura damit aus, indem Sie die Hände mit dem Patchuliöl einreiben und anschließend vom Kopf herab über die Körperkonturen (Handfläche zu Ihrem Körper) bis hin zu den Füßen hinabfahren. Dann kann die Jagd beginnen.

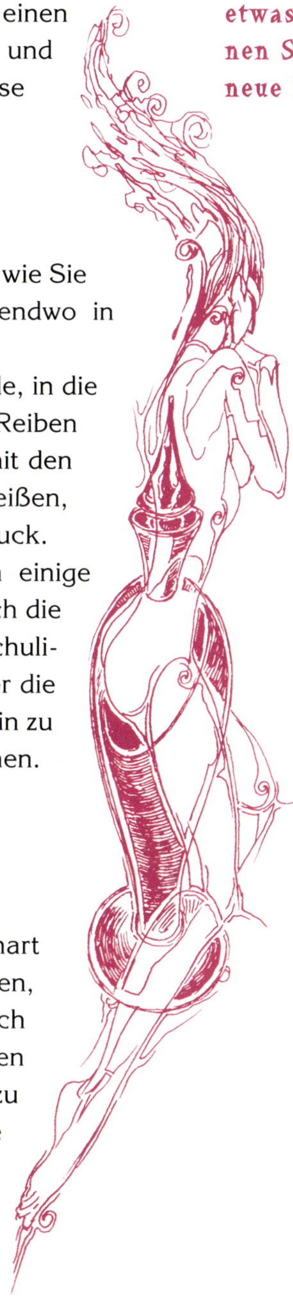

Das Ritual der Hera

Sie leben getreu dem Motto »Gelobt sei, was hart macht«? Wird Ihnen vielleicht manchmal vorgeworfen, Sie wären herzlos, gefühlskalt und gemein? Weint sich Ihre beste Freundin bei Ihnen aus, und Sie erklären bloß, dass von einem solchen Kerl nichts anderes zu erwarten wäre? Hören Sie damit auf. Gestatten Sie sich ein Gefühl der Wärme, Fürsorge und Mütterlichkeit anderen und vor allem auch sich selbst gegenüber.

Seien Sie ganz Frau

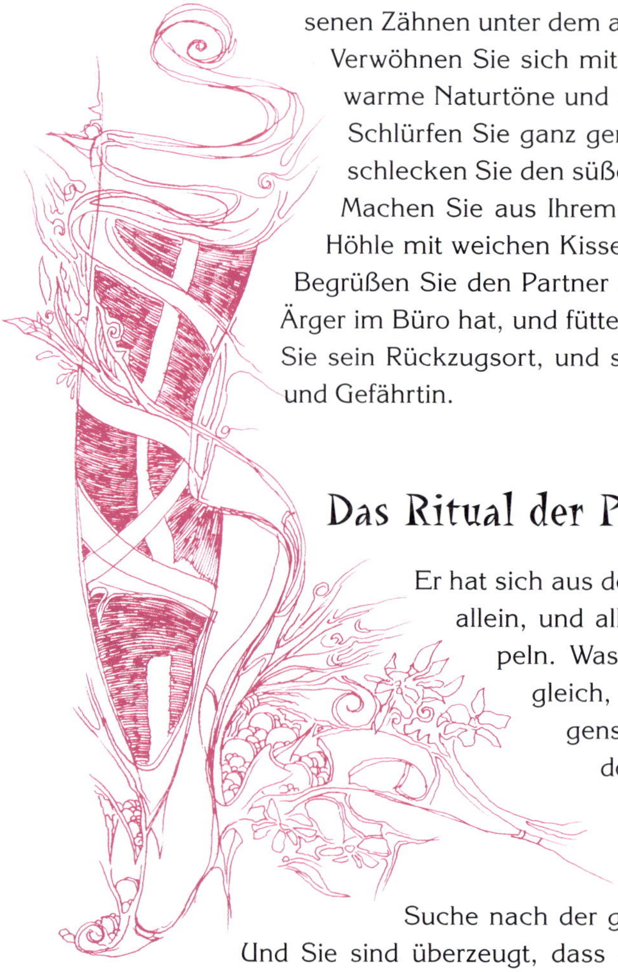

Beginnen Sie den Tag ganz gemütlich und auf keinen Fall hektisch. Nehmen Sie ein Bad in warmem Wasser, statt mit zusammengebissenen Zähnen unter dem abhärtenden Strahl zu stehen.

Verwöhnen Sie sich mit zart duftenden Cremes, tragen Sie warme Naturtöne und Sachen aus Baumwolle oder Seide. Schlürfen Sie ganz genüsslich an einem Milchkaffee, und schlecken Sie den süßen Honig vom Finger.

Machen Sie aus Ihrem Schlafzimmer eine warme, dunkle Höhle mit weichen Kissenbergen und süßen Köstlichkeiten. Begrüßen Sie den Partner zärtlich, hören Sie ihm zu, wenn er Ärger im Büro hat, und füttern Sie ihn mit Weintrauben. Werden Sie sein Rückzugsort, und seien Sie ihm ganz Mutter, Geliebte und Gefährtin.

Das Ritual der Persephone

Er hat sich aus dem Staub gemacht. Wieder sind Sie allein, und alle Ihre Freunde wollen Sie verkuppeln. Was sagen Sie? »Kerle sind doch alle gleich, mir reicht's!« Aber wenn Sie morgens an der Bushaltestelle stehen und dort ein Pärchen Arm in Arm eng aneinander geschmiegt sehen, dann wissen Sie, dass Sie ganz tief in Ihnen noch immer auf der Suche nach der großen und aufrichtigen Liebe sind. Und Sie sind überzeugt, dass es ihn irgendwo gibt und er eines Tages in Ihr Leben treten wird.

Persephone ist die Tochter Demeters. Sie wurde von Hades in die Unterwelt entführt, der sie zur Frau nahm. Sie steht für das junge Mädchen, das zur Frau heranreift.

Verwandeln Sie sich – entdecken Sie sich selbst

In der Realität aber ist dieses Gefühl lange schon unter vielen schlechten Erfahrungen begraben. Nun ist es an der Zeit, diese wieder freizulegen. Lassen Sie Persephone wieder in Ihr Leben. Geben Sie Sarkasmus und Ironie auf, alles Harte und Nüchterne. Weg mit dem Ledersofa und dem strengen Hosenanzug.

Verteilen Sie Wald- und Wiesenblumen in Ihrer Wohnung. Entzünden Sie pastellfarbene Kerzen. Ziehen Sie sich dazu ein weich fließendes Kleid mit femininer Spitze an, schlüpfen Sie in flache Ballerinaschuhe, und tanzen Sie durch Ihr Heim. Stellen Sie sich dabei vor, wie Sie es als Kind genossen haben. Versuchen Sie doch, wieder Tagebuch zu führen.

Wagen Sie doch mal ein Rollenspiel, und probieren Sie die unterschiedlichen Frauentypen aus. Sie werden überrascht sein, welch unterschiedliche Abenteuer Sie erleben werden.

Leben Sie die Göttin

Erkennen Sie sich in einer der Göttinnen wieder? Oder vereinen sich Eigenschaften mehrerer Göttinnen in Ihnen? Sind Sie mal die scheue Persephone und dann die heißblütige Venus, mal die Freiheit liebende Artemis und dann wieder die scheinbar gefühlskalte Hera? Wechselt Ihr Selbstbild auch mit dem jeweiligen Mann?
Glauben Sie, dass er auf die freie Artemis leidenschaftlicher reagieren würde als auf die sorgende Hera? Kein Problem. Wechseln Sie Ihre Identität nach Lust und Laune. Wenn Ihnen dies schwer fallen sollte, dann spielen Sie einfach zunächst die Göttin, und seien Sie gespannt, wie schnell Sie zur Göttin werden.

Auf dem Gemälde von Diego Velasquez betrachtet die göttliche Venus selbstgefällig ihr Spiegelbild.

Schlusswort

Liebe Leserinnen, liebe Leser, liebe Schwestern, liebe Brüder,

Sie haben sich nun einen kleinen Einblick in meine Welt und die tägliche verantwortungsbewusste Arbeit als Hexe bzw. Priesterin des alten Wicca-Kultes verschaffen können. Ich hoffe, dass es Ihnen genauso geht wie mir, als ich anfing, und dass ich Ihnen sehr viel Anregung für eigene Studien und Experimente liefern konnte. Lernen Sie dabei, und entwickeln Sie sich weiter, denn nur in einem gesunden und aufgeschlossenen Kollektiv können wir gemeinsam Großes und Gutes bewirken.

Magie lernt man nicht, Magie erfährt man. Der tiefere Sinn aller magischen Vorgänge entsteht im Herzen.

Bei allen Zutaten und Utensilien lassen Sie dabei auch immer Ihrer eigenen Phantasie freien Lauf, und wagen Sie ruhig auch hier einmal das eine oder andere Experiment! Werden Sie nicht Sklave Ihrer eigenen Rituale. Wenn Sie jedoch unsicher sind, so scheuen Sie sich nicht, bei mir oder meinem Team »Hexenhaus.net« anzurufen. Sämtliche aufgeführten Utensilien oder Zutaten können Sie bei uns zu den gewohnten Öffnungszeiten bestellen! Wenn Sie aber einen persönlichen oder telefonischen Termin mit mir wünschen, so bitte ich Sie, dies vorab unbedingt mit meinem Team abzuklären, da ich viel auf Seminaren und Vortragsreisen unterwegs bin und Sie mich deshalb persönlich nicht immer antreffen werden. Mein Team ist jedoch sehr bemüht, jedem einzelnen meiner Kunden und treuen Leser ein persönliches Gespräch mit mir zu vermitteln.

Da ich eine moderne, selbstbewusste Hexe und Wicca-Priesterin bin, können Sie mich auch im Internet per E-Mail oder im Chat zu vorher angekündigten Zeiten auf meiner Homepage besuchen unter www.hexenhaus.net.

Für Tipps und Anregungen Ihrerseits bezüglich Neuigkeiten auf unserer Homepage sind wir Ihnen sehr dankbar, da wir wissen, dass der Bedarf an Information und Aufklärung in unserer heutigen Zeit immer notwendiger wird.

Möge die Göttin Aradia für Sie sorgen, der Gott Karnayna Sie auch morgen leiten! Sella!

In Licht und Liebe

Ihre Thea

Aus Theas Leben

Schon Theas Vorfahren waren größtenteils außergewöhnlich spirituelle Menschen, und seit jeher wird in ihrer Familie magisches Wissen in Form der »alten Weisheiten« weitergegeben. Seit einem einschneidenden Erlebnis in jungen Jahren beschäftigt sich Thea intensiv mit der Thematik des »ganzheitlichen Denkens«. Sie begann, die Zukunft für ihre Freunde aus den Tarotkarten zu lesen. Prognosen, die zu mehr als 80 Prozent eintrafen, bestärkten sie in dem Gefühl, dass sie dazu berufen ist, anderen Menschen auf diesem Weg zu helfen. Es folgte eine mehrjährige Ausbildung in der Schweiz, Amerika und Deutschland. Sie ist seit dieser Zeit eine initiierte Wicca-Priesterin. Thea beherrscht die Symbolik der Göttlichen Magie und der Kabbala, das Kartenlegen, die Trancerückführung sowie Astrologie. Aufgrund dieser Fähigkeiten haben schon viele Menschen in allen möglichen Lebenssituationen Theas Hilfe in Anspruch genommen. Thea praktiziert ausschließlich weiße Magie und bezieht ihre Kraft und Intuition aus den Wurzeln unseres europäisch-keltischen Kulturgutes und dem Wicca-Kult.
Die CDs »Year Of The Wicca« (Lynx Music 1999), »Luna« (Lynx Music 1998) und »Magic Love« (Lynx Music 2001) sind erhältlich bei Aquarius c/o Silenzio Media Group GmbH, Hainbrunnerstraße 8, 91301 Forchheim.

Bezugsquelle für magische Produkte:
Hexenhaus.net Versand
Stettener Hauptstraße 66,
D-70771 Leinfelden-Echterdingen,
Telefon 07 11/220 47 48,
Telefax 07 11/220 47 55,
E-Mail: shopmaster@hexenhaus.net

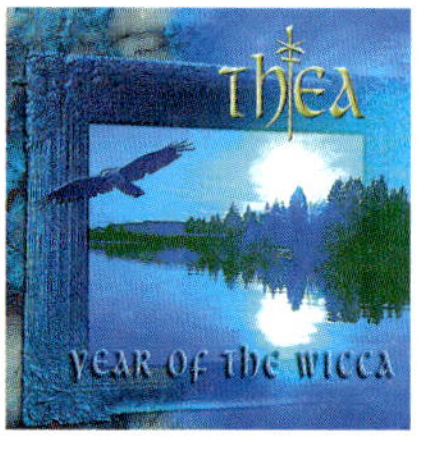

Kontakt zu Thea:
Hexenhaus.net, Postfach 13 72,
85563 Grafing
Beratungszeiten: Montags bis Freitags,
zwischen 14 Uhr und 18.30 Uhr
unter Telefon 0 80 92/85 49 47
E-Mail: thea@hexenhaus.net

Besuchen Sie uns auch im Internet unter http://www.hexenhaus.net mit Chat-Bereich, Forum, Online-Shop und vielen weiteren Informationen zu unserem Bereich »Hexenwissen«. Unser Online-Team Desiderius und Trinity helfen Ihnen gern weiter!

Literaturhinweise

Thea – Kochbuch für Hexen, Ludwig Verlag, München 1999
Thea – Hexenwissen, Ludwig Verlag, München 2000
Thea – Liebeshexereien, Ludwig Verlag, München 2001
Thea – Hexen-Kräuterbuch, Ludwig Verlag, München 2001

Bildnachweis

AKG, Berlin: 96, 99, 159, 160, 167; Astrofoto, Sörth: 102 (Ravenswaay); Ernst Beat, Basel: 58; IFA-Bilderteam, München: 10 (Steve Satushek), 20 (Diaf), 26, 110 (it-stock), 30 (The Natural History), 40 (Index Stock), 70 (Weststock), 136, 141 (Nägele), 140 (Chromosom), 150 u. (Buschbell); Image Bank, München: 36 (David de Lossy), 130 (Burkey), 133, 135 (Reginato), 142 (Goavec), 151 (Russ); Mitras Magic Market, Bottrop: 93; Photonica, Hamburg: 14, 17, 117, 146 (Neo Vision), 151 (Wymann), 152 (Tenneson); Picture Press, Hamburg: 63 (Bokelberg); Premium, Düsseldorf: 120 (Arndt); Südwest Verlag, München: 51 (M. Holz), 55 (M. Tunger), 108 (Hofmann), 112 (H. Velten), 125 (B. Bonisolli); Zefa, Düsseldorf: 2, 168 (H. Benser), 18 (Auslöser), 24 (Millenium), 35, 114 (Reinhard), 46 (Pinto), 61 (Westrich), 67 (Hidres), 75 (Craddock), 84 (K. Solveig), 107 (Möllenberg), 123 (Thomsen), 127 (Kehrer), 138 (Botzek), 150 o. (Heuvel), 164 (Hemmings)

Alle Illustrationen stammen von Beate Brömse.

Hinweis

Das vorliegende Buch ist sorgfältig erarbeitet worden. Dennoch erfolgen alle Angaben ohne Gewähr. Weder Autorin noch Verlag können für eventuelle Schäden, die aus den im Buch gemachten Hinweisen resultieren, eine Haftung übernehmen.

Impressum

Der W. Ludwig Buchverlag ist ein Unternehmen der Econ Ullstein List GmbH & Co. KG, München

Redaktion und Projektleitung
Karin Stuhldreier

Bildredaktion
Gabriele Feld

Umschlag
Hempel/Langkau, München

DTP/Satz
Mihriye Yücel

Produktion
Manfred Metzger, Annette Aatz, Monika Köhler

Gedruckt auf chlor- und säurearmem Papier

Printed in Slovakia

ISBN 3-7787-5025-9

Register